La deserción en la Iglesia

Por qué la gente se va y qué podemos hacer

Roberto Tinoco

Todas las citas bíblicas (a menos que se indique) han sido tomadas de la versión Reina Valera revisada RVR1960.

Puede hacer pedidos de libros de WestBow Press en librerías o poniéndose en contacto con:

WestBow Press
A Division of Thomas Nelson & Zondervan
1663 Liberty Drive
Bloomington, IN 47403
www.westbowpress.com
1 (866) 928-1240

ISBN: 978-1-9736-0537-9 (tapa blanda)
ISBN: 978-1-9736-0539-3 (tapa dura)
ISBN: 978-1-9736-0538-6 (libro electrónico)

Número de Control de la Biblioteca del Congreso: 2017916303

Información sobre impresión disponible en la última página.

Fecha de revisión de WestBow Press: 10/20/2017

TABLA DE CONTENIDO

PRÓLOGO

En el verano del año 2015, tuve el gran privilegio de conocer al Rev. Dr. Roberto Tinoco quien para aquel tiempo cursaba sus últimos cursos del programa de doctorado en el Seminario Teológico de McCormick en Chicago, IL. Mi función era de servir como asesora a los estudiantes quienes estaban haciendo las preparaciones para desarrollar proyectos de los cuales escribirían sus tesis doctorales. Durante el transcurso de mi acompañamiento como asesora, y a medida que compartía con los estudiantes que formaban la cohorte de la Asamblea Apostólica, era muy evidente el alto nivel de compromiso, integridad y pasión por las almas.

Tengo la seguridad que Dios ha escogido a Roberto Tinoco y ha depositado en él un corazón pastoral. La preocupación por ser responsable al llamado de Dios sobre su vida llevó a este varón de Dios a buscar respuestas a grandes interrogantes a fin de llegar a una pastoral efectiva e integral. En cierta manera, su trabajo de tesis doctoral es un llamado a todo líder eclesiástico a despertar de un estado de inercia y trabajar con gran ímpetu y seriedad la deserción de la iglesia.

Esta labor y contribución escrita nació primero en el corazón de Dios aún mucho antes de que Roberto Tinoco reconociera su llamado a pastorear. *La Deserción en la Iglesia: Por qué la gente se va y qué podemos hacer* examina la deserción de personas de la iglesia, engrana la problemática en un marco bíblico-teológico-sociológico, y llama al Pueblo de Cristo a entrar en acción para responder fiel y efectivamente frente a este grave fenómeno. Todo/a lector/a tendrá la grata oportunidad de ser confrontado/a por la realidad que tenemos mucho trabajo por hacer. Tanto es importante ganar almas como cuidar de ellas para que perseveren hasta el Gran Día del Señor.

La obra es un valioso aporte a la reflexión sobre temas dentro del marco del ministerio efectivo. Esta labor contribuye a una mirada más crítica a la deserción de la iglesia, y tal es digna de ocupar un lugar en nuestras bibliotecas como ministros. Es mi oración que todo/a lector/a llegue a clamar y gemir por los/las que se salvan y por los/las que se van. Que el Espíritu Santo nos de la pasión, creatividad, y compromiso para, como el describe el autor, llegar a crear ministerios con conexiones reales donde todos y todas encuentren su lugar en la gran familia de Dios donde difícilmente será arrancado de allí.

Rev. Dra. Leslie Diaz-Perez
Directora
Centro Para el Estudio de Teología
Y Ministerio Latin@
McCormick Theological Seminary
Chicago, IL

RECONOCIMIENTOS

Deseo agradecer a Dios primeramente por la oportunidad que me da de escribir este libro, por guiarme y sostenerme. Agradezco a mi familia por el apoyo incondicional que me ha dado durante todo este tiempo de estudio y trabajo; en especial a mi esposa Norma por su comprensión y apoyo, y por motivarme a seguir adelante. También agradezco a mis tres hijos: Becky y su esposo Augusto; Alex y su esposa Marissa; y Bobby, pues sin la ayuda y el apoyo de ellos no lo hubiese realizado. Agradezco también al obispo Juan Fortino, actual presidente de la Asamblea Apostólica, organización en la que sirvo; por sus enseñanzas y consejos. A los obispos Ismael Martín del Campo, Daniel Sánchez y Elías Páez, porque han influido en mi vida de una manera muy especial y al obispo Heriberto Esparza por su apoyo incondicional. Agradezco a la iglesia de Homestead, Florida, a mis compañeros ministros y hermanos en Cristo, por su amor, aprecio y apoyo. En especial deseo agradecer al misionero de Portugal, Gabriel Pereira Das Neves, quien no solo es un gran amigo y compañero en el ministerio, sino que también ha tomado tiempo para editar este material. Dios les pague a todos.

Por último, deseo agradecer a mis profesores del Seminario Teológico McCormick por todas sus enseñanzas; al Dr. Japinga, al Dr. Schmidt, y un especial reconocimiento a los profesores, Dr.

Daniel Rodríguez y Dra. Leslie Díaz Pérez, quienes dejaron una huella en mi vida por medio de sus enseñanzas y ejemplo. Además, agradezco a la Dra. Leslie por escribir el prólogo de este libro. Por último, agradezco a los colegas de estudio, por todo el apoyo, compañerismo y de quienes aprendí mucho también.

Dr. Roberto Tinoco
Homestead, FL USA
Agosto de 2017

INTRODUCCIÓN

"¡Aquí estaremos mañana para el servicio, Pastor!" Esas fueron las palabras del hno. Francisco, después de que el Pastor lo entrevistó por su larga ausencia de la Iglesia. Pero ese mañana nunca llegó. Lo más sorprendente es que Francisco tenía unos veinte años como miembro de la iglesia, había sido un brazo fuerte en el ministerio local, había trabajado en el manejo de la economía de la iglesia y, por si fuera poco, había sido un líder de confianza. Y sin embargo se fue. El argumento parecía no tener sentido. Sencillamente, había una inconformidad con el Pastor por asuntos administrativos; y al parecer esa inconformidad lo llevó a tomar la decisión de irse, llevándose consigo a su esposa e hijos.

Este caso refleja una realidad que se vive en muchas congregaciones alrededor del mundo pero, específicamente para este trabajo, hablaremos de las congregaciones en los Estados Unidos. Muchas veces los pastores y líderes no quieren reportar las pérdidas de miembros —ya que es más honroso reportar crecimiento— pero la realidad es que hay mucha gente entrando por la puerta de enfrente y saliendo por la puerta de atrás.

Debemos aclarar que este estudio no trata sobre personas que cambian de iglesia por trabajo, matrimonio u otras causas de reubicación; sino sobre aquellos que, cansados de alguna situación en su congregación local, se van. Este libro se enfoca en contestar la siguiente pregunta: ¿Por qué la gente se va de la Iglesia? Y en lo que podemos hacer al respecto.

Es muy común ver que mucha gente hace profesión de fe, se bautiza y promete servirle a Dios; persevera por un tiempo en la iglesia, pero al tiempo se va. Unos se van porque son tratados mal o no se sienten bien, pero otros lo hacen por motivos no del todo precisados. Es lamentable que mucha gente buena como Francisco se vaya.

Este trabajo se enfoca en tres áreas específicas de estudio. En primer lugar, se analiza la crisis de la deserción desde el punto de vista sociológico y su impacto en las congregaciones norteamericanas. En este punto consideraremos la deserción basados en tres apartados: la crisis de la deserción, qué grupos son más propensos a ella y por último traemos una investigación acerca de las causas más comunes por las cuales la gente se va de la Iglesia.

En segundo lugar, este estudio se ha realizado tomando en consideración algunas disciplinas que permiten al lector aproximarse mejor al tema. Primero presentamos un acercamiento bíblico, en el cual se observa lo común que es en la Biblia hallar individuos que abandonan las filas cristianas —al mismo Jesús le desertó la gente. También se contemplan las implicaciones teológicas al respecto; es decir, lo que dice Dios referente a este tema, con una reflexión o análisis del porqué hay desertores. Finalmente, la deserción se analiza desde la eclesiología para indagar cuál ha sido, es y debe ser la práctica de la iglesia respecto a este fenómeno, ya que en algunas ocasiones la misma iglesia puede ser un factor de fuerte influencia para que se produzca la deserción.

En tercer y último lugar, presentamos una estrategia de intervención para, después de comprender por qué se da este fenómeno en la iglesia, hagamos frente a los factores que lo producen. Dicha intervención incluye el ejemplo de un estudio de casos en una iglesia cristiana, mediante encuestas, entrevistas y análisis de situaciones específicas para conocer más a fondo el fenómeno. Allí presentamos pasos a seguir para corregir el problema y frenar la deserción de una manera efectiva.

Para frenar la deserción exploraremos algunas áreas en las que se debe trabajar, las cuales son: la conversión de los creyentes, el discipulado efectivo, la conexión con la iglesia y una pastoral efectiva. Además, consideraremos la capacitación y participación de los líderes y miembros de la iglesia, para ayudar a retener a todos aquellos que periódicamente se agregan y para crear una pastoral en toda la iglesia, con una conciencia colectiva de cuidar a los nuevos creyentes en la fe.

La investigación presentada en este libro se ha llevado a cabo en una congregación hispana de corte pentecostal ubicada en el sur de Florida, la cual enfrenta el reto de la deserción. En dicho estudio se presenta cómo en ocasiones la misma iglesia cristiana se involucra en prácticas y conceptos que se transforman en impedimentos para que la gente sea retenida. Dichos impedimentos pueden ser —aunque no están limitados a— la indiferencia de los miembros de la iglesia, las prioridades que tiene la congregación, el status quo y aun el liderazgo, el cual puede contribuir a que esto suceda. En otras palabras, en este trabajo observaremos el impacto que todo lo anterior tiene en la deserción.

CAPÍTULO 1

La Deserción En La Iglesia

Uno de los retos principales que tiene la Iglesia Cristiana hoy en día tiene que ver con la deserción de los miembros de las iglesias. Es decir, personas que hacen profesión de fe, se bautizan, perseveran por un tiempo, pero después dejan su iglesia. Cuando hablamos de deserción, no estamos hablando de aquellos casos en que la gente se va de la iglesia debido a situaciones ajenas a ellos y a dicha iglesia. Entendemos que las personas se mueven de iglesia porque se casan, encuentran trabajo en otro lugar, o sencillamente se reubican. En casos así, ellos realmente no dejan la iglesia; sólo cambian de lugar o congregación. Este trabajo tiene que ver con casos en que la gente se va de la iglesia por motivos que pueden ser razonables y hasta importantes, así como de casos cuyos motivos no parecen tener sentido o son irrelevantes. También hay casos en que los que se van no nos dejan saber que se han ido ni por qué lo han hecho.

I. Definiendo la deserción

La palabra deserción significa: "Abandono de una causa, grupo o ideal."[1] En referencia a la iglesia, significa "dejarla", "abandonarla" o sencillamente parar de asistir a los servicios de adoración y a las actividades que la iglesia realiza. En este libro y por motivos prácticos, usaremos esta palabra en referencia a los que se van de la iglesia, a los "desertores"; para referirnos a quienes se han ido de la iglesia por alguna cosa, sea ésta justificada o no. Es decir que el concepto deserción no abarcará aquí a quienes por causas justificadas se cambian de congregación o sencillamente son inconstantes en su asistencia, y participan de los servicios y actividades sólo esporádicamente.

II. Ejemplos de casos

1. *El caso de Francisco.*[2]

Francisco era un ministro ordenado que tenía una linda familia y que había estado en la iglesia por más de veinte años. De hecho, él fue uno de los primeros hermanos en una nueva iglesia que se estableció. Había servido en muchas posiciones del liderazgo, desde maestro de Escuela Dominical hasta Asistente de Pastor. Su esposa Francisca también había servido muchos años en el liderazgo, como presidente de las damas y otras posiciones; además, había servido varios años como administradora de la iglesia y lo había hecho muy bien. Sin embargo, después de la muerte de los padres de Francisca, poco a poco ellos fueron dejando de congregarse. El pastor y su esposa se reunían con ellos periódicamente, para estimularlos a asistir y también para ver si había algo que estuviera pasando; pero ellos decían que todo

---

[1] Diccionario Word Reference, http://www.wordreference.com/definicion/deserción. Consultado el 21 de Abril, 2016.

[2] Los nombres de todas las personas han sido cambiados para mantener la privacidad de los involucrados.

estaba bien y argumentaban estar muy ocupados. Se sabía que algo no estaba bien en ellos, sin embargo, nunca pudieron decir qué era lo que realmente estaba pasando. Finalmente, un día pararon del todo de asistir a la iglesia y después de unos cuatro meses de ausencia, fueron citados nuevamente a una reunión para hablar sobre su ausencia; pero sólo asistió él. Francisco explicó que ella no había querido asistir a la cita. Al comenzar a dialogar sobre lo que estaba pasando, él dio algunas excusas del porqué no asistían a la iglesia, entre las cuales estaba el desacuerdo de ella con el Pastor por un asunto menor en la administración local. Se discutió el asunto y al fin, después de aclarar las cosas, él se convenció de que ella estaba en un error y prometió que el siguiente domingo asistirían. Pero ese domingo nunca llegó. Después de unos seis meses, el Pastor hizo una cita para visitarles a su casa, pero un par de horas antes de la hora señalada Francisco llamó para notificar que su esposa estaba indispuesta, y que no podían recibir al Pastor. Y allí terminó todo.

Casos como el de Francisco suceden todos los días en las iglesias alrededor del mundo. Muchas personas se convierten, sirven muy bien al Señor y a la Iglesia, pero después pasan cosas en sus vidas, cosas con las cuales no pueden lidiar; y terminan dejando la iglesia. Cuando analizamos el caso de Francisco y su esposa, podemos ver que no hay una causa o justificación para que ellos dejaran la iglesia. No obstante, esto sólo es lo que el Pastor y su esposa alcanzaron a percibir del caso, pues obviamente hubo cosas que la esposa de Francisco no comunicó. También es obvio que, al no querer asistir a las reuniones, ella guardaba cosas que no quería que se conociese. Y ese es tal vez el principal problema de la deserción de miembros: en la mayoría de los casos las personas que se van de la iglesia no comunican lo que les pasa; es decir, no hablan con sus líderes sobre el verdadero motivo por el cual se están yendo.

2. *El caso de Juan.*

Juan era un buen hombre, honesto y trabajador. Estaba casado, tenía unos hijos muy buenos y todo parecía caminar bien en su vida. Él y su familia eran miembros activos de la iglesia; eran líderes. Además, Juan era ministro y miembro del cuerpo administrativo. Sin embargo, un día él comenzó a escuchar en la radio un programa religioso. Poco a poco, éste lo fue cautivando al grado de que en determinado momento Juan decidió dejar la iglesia y no congregarse más. Ese programa radial hacía énfasis en que la gente no necesita ir a una iglesia o congregarse para obtener la salvación, bajo el argumento de que Dios está más interesado en las personas que en las iglesias. También cuestionaba el hecho de que en las iglesias existe una carga económica y de responsabilidad muy grande, y afirmaba que Dios no quiere eso para sus hijos. Así fue como Juan terminó fuera de la iglesia; y no solo él, sino también su familia a la cual él arrastró a pesar de que su esposa e hijos en realidad no lo querían seguir. Pero al menos en este caso se supo que la razón por la que Juan se desvió de la fe fue que escuchó otras voces, un mensaje diferente al que se predicaba en su iglesia. Aunque este punto se analizará más adelante, por ahora baste decir que irse de la iglesia buscando otros pastos puede ser una práctica más común de lo que muchos se imaginan. Lo cierto es que Juan dejó la iglesia sin que le importara el tiempo invertido en ello hasta ese momento, ni lo que la iglesia pensara de ello, ni los pensamientos o deseos de su familia.

3. *El caso de Pedro.*

Pedro era un joven muy dinámico y entusiasta, especialmente en la dirección de los servicios de adoración de la iglesia. Además de lo anterior, era talentoso y tenía muchas ganas de trabajar en el ministerio. Pedro tenía una novia con la cual habían hecho planes de casarse y servir juntos al Señor. Sin embargo, fueron tentados y cayeron en fornicación. La iglesia a la cual él pertenecía mantiene una disciplina estricta referente a este tipo de casos; y cuando alguien comete fornicación siendo ministro —como era su caso— ya no puede continuar en el ministerio. Por lo tanto, Pedro fue juzgado y destituido del ministerio. Este caso en particular ilustra de una manera contundente el caso de los jóvenes soñadores que quieren "conquistar el mundo", pero desafortunadamente no pueden conquistarse a sí mismos y terminan por fracasar en sus vidas. En este caso en particular, Pedro fue restaurado para que fungiera como un miembro con ciertos privilegios en la iglesia, pero ya no como ministro. Debido a eso y al hecho de que él no se conformó con la medida impuesta, decidió trasladarse a otra iglesia donde le abrieron las puertas ministerialmente hablando, y actualmente él sirve en dicha iglesia.

El presente caso nos recuerda el de muchas otras personas, que tuvieron fallas similares —cometieron pecado moral— lo cual provocó en la mayoría de los casos que perdieran el ministerio. Al pensar en este caso, recordamos también a grandes predicadores y personas de influencia en el cristianismo y la sociedad, que desafortunadamente fueron tentados en ese mismo sentido y perdieron cosas muy importantes; tal vez lo más valioso que tenían.

4. *El caso de Bartolomé.*

Bartolomé llegó a la iglesia con su esposa. Venía muy golpeado por la experiencia que había tenido en la organización donde antes trabajaba. Él había comenzado una iglesia, pero su organización lo defraudó pues, según él, no le había dado el apoyo económico que necesitaba para hacer la obra. Después de mucho batallar en ese lugar, decidió trasladarse a la nueva iglesia, donde recibió alivio y apoyo, y donde Dios lo sanó de sus heridas. Allí comenzó a ser grandemente bendecido, en muchas maneras. Bartolomé era un joven ministro, lleno de mucho entusiasmo, dinámico y dedicado a Dios y al trabajo. Rápidamente ascendió en el liderazgo local de su nueva iglesia, al grado que se convirtió en un brazo fuerte del Pastor. Pero con el paso del tiempo, comenzó a decaer en su actividad y su entusiasmo y dinamismo del comienzo declinaron, hasta que aquella luz se apagó finalmente y Bartolomé decidió irse de la iglesia. La explicación que dio al Pastor sobre su salida fue sencilla: "Me voy porque esta iglesia no valora lo que hago" y sin más, tomó a su esposa e hijos y se marchó.

Al analizar este caso, podemos deducir que Bartolomé sencillamente tenía expectativas que aquella iglesia no cumplió. Él quizás, esperaba beneficios económicos y al no recibirlos, tomó la decisión de marcharse a otra iglesia. Casos como el suyo se ven a diario en las iglesias. Muchas personas ponen sus intereses personales por encima de los intereses del Reino. Muchos están en la Iglesia viendo qué pueden hacer sus iglesias por ellos; y cuando no sucede lo que esperan, se desaniman y abandonan al Señor.

5. *El caso de Pascual.*

Pascual es un hombre que llegó a la iglesia batallando internamente con un problema de adicción; también estaba viviendo una pesadilla en el hogar. Su esposa ya no podía soportar la situación causada por su problema de adicción. Los hijos también estaban viviendo un verdadero infierno. La lucha y los problemas diarios alcanzaron el punto de ebullición, por lo que Pascual no pudo soportar más y, en la desesperación, intentó quitarse la vida colgándose del techo del patio de su casa. Afortunadamente, la esposa alcanzó a ver lo que pasaba y llegó a tiempo para cortar la cuerda pero, aunque Pascal fue librado de la muerte, la esposa y los hijos sufrieron los daños colaterales de haber presenciado tan terrible situación.

Fue precisamente en esa hora tan crítica que ellos fueron invitados a la iglesia, recibiendo la ayuda necesaria en un momento crucial de sus vidas. Pascual recibió el Evangelio con toda su familia, se bautizó y se congregó durante un par de años. Sin embargo, él tenía una vida doble. Su problema de adicción nunca fue solucionado sino que continuó y al tiempo, Pascual se dio cuenta de que ya no podía seguir ocultándolo. En realidad, el hecho de ir a la iglesia y bautizarse fueron solo acciones de alivio temporal de la tensión que vivía en el hogar. Como los problemas volvieron a surgir y su adicción quedó nuevamente al descubierto, Pascual decidió irse de la iglesia para que no hubiera nadie que se interpusiese en su camino.

Este caso representa a aquellos que se acercan a la iglesia en busca de ayuda, pues ya no pueden seguir adelante con su situación; pero una vez que sus necesidades inmediatas son suplidas, tienden a abandonar la iglesia. Y también ejemplifica a aquellas personas que viven una vida doble y no han rendido del todo su vida a Cristo.

6. *El caso de Beatriz.*

Beatriz es una mujer muy trabajadora que se casó muy joven con alguien que no le convenía. Él luchaba con una adicción a las drogas —aclaramos que Beatriz no es la esposa de Bartolomé, el hombre del caso anterior— lo que ocasionó que la relación se fuera deteriorando al punto de que ya no pudo continuar. Como su esposo caía periódicamente en la cárcel debido a su adicción, Beatriz ya no fue capaz de soportar y se divorció de él. Ella comenzó a trabajar arduamente para poder sostener a su familia, pagar la renta, cubrir los gastos de su casa, etc. Y a tal grado se fue envolviendo en su trabajo, que dejó de ser consistente en su asistencia a la iglesia y se enfrió espiritualmente. Ella se convirtió en otro caso típico de madre soltera que debe tomar dos empleos para poder sacar a sus hijos adelante, y así fue como dejó de asistir periódicamente a la iglesia. Su mala experiencia matrimonial obligó a esta mujer luchadora a tener que buscar alternativas para sobrevivir con sus hijos, y esto ocasionó que no tuviera suficiente tiempo para asistir a las reuniones de la iglesia.

7. *El caso de María.*

María es una jovencita de 16 años de edad, que llegó a su iglesia cuando aún era una niña. Ella asistía a la iglesia porque su abuelita —miembro activo de la misma— la llevaba a la Escuela Dominical y otros programas para niños de la iglesia. Los padres de María no asistían a la iglesia y tampoco tenían el interés de hacerlo algún día. Escasamente asistió uno de ellos al bautismo de su hija, por lo que el apoyo para esta joven estaba limitado a lo que su abuela pudiera hacer por ella.

Desafortunadamente, la abuela de María sufrió una enfermedad que a la postre le causó la muerte y María quedó a la deriva. Después de la muerte de su abuela, sus padres estuvieron llevándola a la iglesia intermitentemente, lo que ocasionó que la jovencita poco a poco perdiera el entusiasmo por asistir. Agreguemos a esto que en repetidas ocasiones en que María no llegaba a la iglesia, la respuesta que daba a las personas que la contactaban era: "Mis padres no quieren que vaya". Ya uno podía imaginarse que esta joven no continuaría en la iglesia, pues su único apoyo en esto había sido la abuela, quien ya no estaba presente; y por parte de sus padres no había ni la más mínima oportunidad de ayuda. Finalmente, María abandonó la iglesia.

El caso de María ilustra el de muchos jóvenes que quieren servir a Dios y estar activos en la iglesia, pero desafortunadamente no tienen el respaldo de padres que los acompañen, o al menos les lleven para se congreguen y sirvan a Dios. En la mayoría de los casos, se trata de jóvenes que no pueden conducir un automóvil o que aún no tienen la licencia requerida y por lo tanto dejan de asistir a los servicios. Todavía peor, la iglesia no puede hacer mucho en este tipo de casos, pues cuando son menores de edad y no tienen el apoyo de los padres, ¿qué podemos hacer nosotros?

III. El impacto de la deserción

El tema de la deserción es muy preocupante, doloroso y frustrante. A veces se trabaja arduamente para que una persona llegue a la iglesia, acepte a Cristo y se convierta. Se invierte tiempo, esfuerzo, sacrificio y aún dinero, pero lamentablemente al tiempo esa persona deja de asistir, se va de la iglesia y el trabajo queda sin fruto. Por ejemplo, podemos citar aquí el caso de un joven que estaba asistiendo a la iglesia. Él pasó el proceso de preparación y se bautizó, pero sólo lo hizo porque tenía puesta la mirada en una joven de la iglesia. Al cabo del tiempo la relación con esa joven se acabó, pues ella decidió no continuar con las conversaciones que tenía con él sobre una relación seria. En ese mismo momento, este joven decidió dejar la iglesia para nunca regresar.

Muchas veces los pastores se han preguntado: ¿qué fue lo que pasó? Todo parecía estar bien con esa persona y, sin embargo, se ha ido. Cada uno que se marcha de la iglesia tiene una historia diferente de por qué se ha ido. Algunas son creíbles, otras no; pero esta situación viene ocurriendo desde que la Iglesia se estableció. No es algo nuevo y no lo podemos soslayar. Es preciso trabajar sobre este asunto. No se puede negar que es un tema espinoso y que muchas iglesias lo viven, aunque no lo hablen o reporten; pero es necesario hablar de él. Muchas veces para los líderes cristianos es mejor reportar el crecimiento que cosas negativas como estas, pero la deserción es una realidad de muchas iglesias, y una cuestión que se tiene que enfrentar.

IV. El anhelo de todo pastor

Para alguien que quiere hacer lo mejor para Dios y para la comunidad que sirve, la situación ideal debe representar el cumplir con el propósito de Dios para su llamado en el lugar de ministerio y también para la comunidad que sirve. Dicha situación ideal también debe representar el crear un impacto positivo en la vida de aquellas personas a las que Dios les ha enviado en dicha ciudad. Para eso, debemos considerar que la situación ideal representa —pero no está limitada a— lo siguiente:

1. *Frenar o aminorar la deserción.*

Aunque la deserción es un problema latente no solo en el contexto eclesial de este estudio, sino en la mayoría de las iglesias —y no va a terminar— nuestra meta es que se detenga o al menos aminore en buena medida su avance. Todo pastor que ama a sus ovejas desea que ni una sola deje el rebaño; por lo tanto, su anhelo es frenar, disminuir o de plano detener del todo la deserción de los miembros de su iglesia. Por eso, en ocasiones el trabajo pastoral tiene que cambiar de estrategia y ser diferente en su acercamiento a la gente, para evitar que esta situación siga presentándose. Pero también los miembros de la iglesia tienen que colaborar, porque retener a la gente en la iglesia es trabajo de todos.

2. *La retención de la gente.*

En segundo lugar, la situación ideal representa el que las personas vengan, se conviertan y permanezcan en la iglesia, sirviendo al Señor, sirviendo en la iglesia y asimismo en la comunidad. La visión debe ser que cada miembro que se allega a la iglesia pueda desarrollar su potencial y cumplir el propósito de Dios en su vida. La iglesia en este caso, debe ser el mejor lugar para que todos vengan, sean salvos y encuentren su propósito en la vida. Esta visión debe incluir el que las familias crezcan sanas y que sean felices. Pero para lograr eso, éstas necesitan permanecer en la iglesia, nunca marcharse, y que esa iglesia pueda decir como Cristo: "No perdí ninguno" (Juan 18:9). En esa instancia, la iglesia debe representar para todos y mayormente para aquellos que se van, el lugar especial de Dios en sus vidas; el lugar donde ellos quieren pasar el resto de sus días.

3. *Una pastoral consciente.*

En último lugar, pero no menos importante que todo lo anterior, la situación ideal representa que haya una pastoral consciente de lo que está sucediendo en la iglesia en la iglesia en general, pues la gente viene con muchos retos y situaciones en sus vidas. Pastores, líderes, así como la membresía en su totalidad, deben tener conciencia sobre este problema. Tener conciencia quiere decir que pensamos en ello y que nos importa lo que está pasando. Las almas son de Dios. Él las ha traído para que la Iglesia las cuide. Jesús pagó el precio por ellas en la cruz del Calvario. Se tiene que valorar eso. Por lo tanto, todos los miembros de la iglesia deben convertirse en agentes del reino de Dios y unirse con el Pastor y los líderes de la iglesia para cuidar y proteger al rebaño del Señor. Una pastoral consciente es aquella que puede discernir a los desertores potenciales a tiempo, para poder hacer algo antes de perderlos.

V. Los impedimentos para vencer la deserción

Frenar la deserción en la iglesia es el deseo de todo pastor y de toda iglesia consciente del valor de las personas; sin embargo, en este sentido la Iglesia Cristiana enfrenta los siguientes impedimentos: indiferencia, prioridades en desorden, el liderazgo y el estatus quo. A continuación, se detalla cada uno de estos impedimentos.

1. *La indiferencia de los miembros de la iglesia con respecto a los que se van.*

La indiferencia es uno de los impedimentos principales en la deserción. Entiéndase por indiferencia el escaso cuidado o atención respecto de lo que está pasando en la iglesia. La percepción que se tiene es que no a todos los miembros les importa si la gente se va o se queda en la iglesia. La razón es simple: como la gente que se va es reemplazada por los que llegan, se tiende a ignorar lo que está pasando y a ser indiferente. Se entiende que a veces es una indiferencia inconsciente, debido a lo dinámico que suele ser el sistema de evangelismo de la iglesia. Es decir, se traen personas nuevas periódicamente, hay gente nueva entrando y adhiriéndose; entonces, se tiende a ignorar el fenómeno de la deserción. También se es indiferente a esta situación por causa de esa manera de pensar de la iglesia: "Si algunos se van, otros vendrán a llenar ese lugar". Esta actitud de indiferencia se hace palpable en algunos momentos, especialmente en el cuidado de la membresía; así como en el recibimiento de nuevos miembros y la atención a situaciones de riesgo. Por lo tanto, este es un reto. Otra de las manifestaciones de esta actitud de indiferencia se deja ver en que no todos los miembros de la iglesia se preocupan por aquellos que están caminando en la línea de la deserción. Algunas de las características de las personas que caminan en la línea de deserción son que dejan de asistir a la iglesia, faltan a eventos de gran importancia para la congregación, son inconstantes en algunas responsabilidades delegadas; o en el peor de los casos, le dan preferencia a otra clase de eventos, tales como deporte, salidas u otras ocupaciones, en lugar de concurrir a los servicios de la congregación. La indiferencia de los primeros —los demás miembros de la iglesia— se evidencia cuando no contactan, ni buscan, ni estimulan a estos últimos a seguir en la iglesia.

2. *El orden de prioridades que tiene la iglesia.*

Otro impedimento para que la deserción pare o frene, es el orden de prioridades de la iglesia. Un ejemplo de esto es el énfasis en los programas de educación, música, construcción y ministerios; dejándose en último lugar el evangelismo y el cuidado de la gente, especialmente de aquellos que se han ido. Esa es la experiencia de muchas iglesias cristianas, que le ponen bastante cuidado a los programas y actividades del culto, así como a otros ministerios y eventos, pero no cuidan del mismo modo a los miembros de la iglesia. El cuidado de la gente, tanto de los que se han ido como de los que perseveran, debe ser una prioridad para la iglesia. Toda la congregación es importante y se le debe dar la debida prioridad y atención.

3. *El papel del liderazgo de la iglesia en este proceso.*

Los líderes de la iglesia pueden convertirse en otro impedimento. Desafortunadamente no todos los líderes tienen la visión de proteger y cuidar el rebaño del Señor, o no trabajan lo suficiente en ello. En ocasiones, ministros motivados por intereses personales crean divisiones en la congregación y se llevan su propio grupo. Otras personas observan esto y también optan por irse. Muchas veces, el liderazgo local, distrital o nacional puede que muestre poco o ningún interés en arreglar o cambiar los patrones de trabajo para ayudar a la resolución de este problema. Un ejemplo de ello es la gran cantidad de actividades en el calendario que no ayudan a trabajar en este problema. Por lo tanto, el liderazgo juega un papel muy importante para que este asunto pueda corregirse y mejorar.

4. *El Status Quo de la iglesia.*

Otro impedimento para que esta situación cambie, mejore o se arregle puede ser el Status Quo que predomina en la iglesia. De acuerdo a Whitesel, "el Status Quo en una iglesia son individuos para quienes los métodos y tradiciones existentes de la iglesia son muy significativos. Ellos detestan la idea de poder cambiarlos por unos nuevos".[3] La iglesia asigna ciertos valores a programas y actividades que a veces son problemáticos de cambiar; tales como actividades de grupos, horarios, proyectos, estilos de liderazgo, música, escuela dominical, etcétera. Por lo tanto, la iglesia tiene que vencer este impedimento si quiere salir victoriosa en la lucha contra la deserción.

VI. Conclusión

Concluimos este capítulo mencionando que este libro estará enfocado en el reto que tiene la Iglesia Cristiana sobre *"La deserción en la Iglesia"*. Por lo tanto, la investigación va a estar centrada en contestar las siguientes dos preguntas: *¿Por qué la gente se va de la Iglesia? Y ¿qué podemos hacer al respecto?* Uno de los objetivos de esta obra es buscar las posibles causas de la deserción en el contexto de la Iglesia Cristiana. Para ampliar la investigación se trabajará con algunas preguntas pastorales, bíblicas y teológicas; por ejemplo: ¿Quiénes se están yendo de la iglesia? ¿Por qué se están yendo? ¿Está la iglesia contribuyendo a esta deserción? ¿Es la iglesia el problema? ¿Se está alimentando al rebaño? ¿Acaso perdieron la fe los que se fueron? ¿Perdieron el compromiso? ¿Qué dice la Biblia al respecto? ¿Hay ejemplos bíblicos que podemos estudiar?

Otro de los objetivos de este trabajo es encontrar una solución respecto al problema de la deserción y ayudar por medio de una intervención que se ajuste a las condiciones locales. Dicha intervención debe contener los pasos que la iglesia necesita tomar para frenar o aminorar la deserción; además debe presentar cambios en la manera que la iglesia trabaja con la gente nueva y

---

[3] Bob Whitesel, *Staying Power: Why People Leave the Church Over Change and What You Can Do About It,* (Nashville, TN: Abingdon Press, 2003), 23.

en el proceso de entrada y cuidado de los miembros. En última instancia, este proyecto debe proveer una ayuda para que pastores o iglesias que están experimentando el mismo problema o uno similar, tengan una guía apropiada para resolverlo.

CAPÍTULO 2

La Crisis De La Deserción

Cuando analizamos la deserción de la gente de la iglesia, tenemos que trabajar sobre la base de tres preguntas fundamentales. Éstas son: ¿Qué es lo que está pasando? ¿Por qué está pasando? Y, ¿cuál es el área en que está pasando? Así que este estudio se ha concentrado en contestar estas tres preguntas y se enfoca en tres temas principales: La crisis de la deserción, quiénes están desertando y por qué lo están haciendo.

1. I. La crisis de la deserción

Muchas veces no se quiere hablar nada negativo de la iglesia y tampoco es esa la intención de esta obra; pero desafortunadamente, la gente se está escapando literalmente de las iglesias. Tal parece que la Iglesia en general se encuentra pasando una crisis de proporciones incalculables. En 1998 salió un excelente libro titulado: *"Gone but not Forgotten"*—Se fueron, pero no han sido olvidados, por su traducción al español— en el cual se expone la condición de la Iglesia Metodista Británica al punto de un cataclismo, ya que los números de asistencia de esa iglesia estaban disminuyendo dramáticamente, según los autores. Solamente en la juventud de 1992 a 1995 los números de asistencia del domingo habían caído en un 19.1%. Pero no solo esta iglesia reportó bajas, sino también la Iglesia Católica, la Iglesia Anglicana y otras. Según los autores, para ese tiempo se estimaba que un número de 1,500 personas abandonaban la Iglesia Británica por semana.[4] Además, este fenómeno no ocurre solamente en la iglesia europea, sino en todo el mundo; y especialmente en los Estados Unidos de América.

Aunque la iglesia evangeliza y se preocupa por traer más gente a sus filas, la verdad es que, así como la gente entra por la puerta de enfrente, sale por la puerta de atrás. Eso es lo que afirma William D. Hendrick's en su libro "Exit interviews". El autor dice que mucho se hace para traer a la gente para que sea salva, o cuando menos para que esté en la iglesia; y menciona que se hacen campañas y se llevan a cabo programas evangelizadores. Pero mientras un gran número de personas entra por la puerta de enfrente, hay un fluir silencioso saliendo por la puerta de atrás. Esta es una verdad pues muchos de ellos, según el autor, se van desilusionados con la iglesia y con cualquier otro tipo de expresión cristiana institucionalizada. Luego pregunta: "¿A dónde va la gente cuando sale por la puerta de atrás?"[5] Esta es una realidad que está sucediendo, y los pastores y líderes de la Iglesia deben prestarle atención.

George Barna y David Kinnaman, expertos en estadísticas de la Iglesia, creen que la Iglesia está viviendo una seria crisis, pues consideran que se está dando un levantamiento de una América sin Iglesia. Ellos presentan una gráfica que muestra un aumento de la gente sin Iglesia. En 1990 había un 30%, en el 2000 este

---

[4] Philip, Richter and Leslie J. Francis, *Gone but not forgotten: Church Leaving and Returning,* (London, SW: Darton, Longman and Todd Ltd, 1998), xii–xii.

[5] William D. Hendricks, *Exit Interviews: Revealing Stories of Why People are Leaving the Church,* (Chicago, IL: Moddy Press, 1993), 16–17, 33.

número había subido a 33% y en el 2014 a un 43%.[6] En verdad, la Iglesia se encuentra en una crisis de grandes proporciones. Además, según Barna, no hay un solo reporte que indique que la asistencia a la Iglesia esté aumentando.[7] Reportes como estos se encuentran por doquier, lo que es algo muy lamentable.

En el desarrollo de la investigación para este libro se consideraron personas que estaban en la iglesia, que cuidaban la espalda del Pastor y aún algunas que darían todo por el ministerio (como Francisco); pero que luego se fueron, dejando la iglesia. Y así es en muchos casos: las personas terminan por irse al mundo. En verdad, la gente se está yendo de la iglesia y muchos de ellos en su momento fueron gente buena y entregada.

Julia Duin es reportera sobre religión y escribió un extraordinario libro titulado: "Quitting Church: Why the faithful are leaving" que traducido es: "Dejando la Iglesia: Por qué los fieles se están yendo". La autora revela su descubrimiento sobre muchos cristianos evangélicos que están deslizándose hacia afuera o apenas sosteniéndose en la iglesia. Ella señala que la asistencia a la iglesia ha disminuido de un 41% en 1971 a un 31% en el 2002. Agrega que cada vez menos americanos están participando en las prácticas básicas del cristianismo. Según la autora, se estima que el número de los americanos que no van a la iglesia está creciendo en cerca de un millón cada año. Por si fuera poco, la fracción de americanos que no tienen preferencia religiosa se duplicó durante los años 90, de 8% a un 14%, de acuerdo en una encuesta de la City University de la ciudad de New York llevada a cabo en 2001.[8]

---

[6] George Barna and David Kinnaman, *Eds. Churchless: Understanding Todays Unchurched and How to Connect,* (Carol Stream, IL: Tyandale House Publishers, 2014) Loc 45.

[7] George Barna and David Kinnaman, Loc 133.

[8] Julia Duin, *Quitting Church: Why the Faithful Are Fleeing,* (Colorado: Bonfire Books, LLC. 2013), 9–12.

En cuanto a los Hispanos en Estados Unidos, una encuesta del centro PEW reveló que casi un tercio de los hispanos (32%) ya no pertenecen a la religión en la que fueron criados. Esta cifra se basa en el cambio entre las principales tradiciones religiosas, y no incluye cambios de una tradición protestante a otra. En comparación, la Encuesta del Panorama Religioso del 2007 de este centro de investigación, encontró que el 28% de los adultos en los Estados Unidos ha cambiado de religión. Entre los latinos, el catolicismo ha experimentado una pérdida neta debido a la conmutación religiosa. Tres cuartas partes de los latinos (77%) se plantearon católicos, pero sólo un poco más de la mitad (55%) informaron que su afiliación religiosa actual es católica.[9] Comparado a todos los americanos, los hispanos reportan una deserción de la iglesia más alta en algún punto de sus vidas, un 67% contra un 57%. Además, los hispanos sin iglesia son más propensos a reportar un punto de vista desfavorable del cristianismo y de la Iglesia.[10]

En la Iglesia Cristiana el fenómeno de la deserción se manifiesta periódicamente. La gente llega a la iglesia, se entrega a Cristo, sirve por un tiempo y luego se va. Pero esto no es algo nuevo y mucho menos algo que no sepamos. De acuerdo a PEW, cada día hay más gente desafiliada de las iglesias. Para ser más exactos, según la encuesta, la desafiliación ha aumentado en un 10% si se la compara con la del año 2007.[11] Y para no ir muy lejos, en una organización de corte pentecostal muy conocida en la comunidad hispana de los Estados Unidos, se está manifestando este fenómeno dramáticamente; pues recientemente, en el 2008, se enseñó que en esta organización se bautizan 10,000 personas por

[9] Pew Resarch Center, http://www.pewforum.org/2014/05/07/chapter–2–religious–switching/. 2014. Consultado Febrero 12, 2016.

[10] George Barna and David Kinnaman, Loc 554.

[11] Pew Resarch Center, Sobre la desafiliación religiosa. http://www.pewforum.org/2015/05/12/chapter–4–the–shifting–religious–identity–of–demographic–groups/. Consultado el 5 de Marzo, 2016.

año, pero 9,000 se van.[12] Por lo tanto, este es un serio problema que se tiene que enfrentar. George Barna dice: "Estamos cambiando a una era que se puede clasificar como 'Post Cristiana' donde la secularización está ganando terreno en el siglo 21. Además, la era digital y el cambio de percepción sobre lo religioso en la sociedad moderna están ayudando a que este fenómeno se manifieste más drásticamente."[13]

Por si esto fuera poco, hay otra tendencia que se está dando, y es que muchos están optando por opciones alternativas de cristianismo y están cambiando su iglesia por otro estilo de vida religioso. "Queramos o no aceptarlo, el cambio se está dando y se está dando en la Iglesia" dice Kelly Bean, quien presenta un desafiante libro titulado: "How to be christian withouth going to church", que traducido es: "Cómo ser cristiano sin ir a la iglesia". En su obra, la autora señala que cristianos de mucho tiempo están dejando la iglesia y cita un estudio conducido por el sociólogo Kirk Hadaway y Penny Long, llevado a cabo en el 2005, que indica que menos del 22% de los americanos asiste a un servicio cada semana. Iglesias tradicionales han estado declinando en asistencia en los últimos cincuenta años. Además, la autora cita el estudio realizado por el investigador y misiónologo Ed Steltzer sobre comunidades de fe alternas y encontró que el 24.5% de los americanos ha adoptado el reunirse en un grupo pequeño menor de veinte miembros como su estilo de vida.[14] El mismo George Barna tiene una "iglesia casa" en su hogar y afirma que esa ha sido la mejor experiencia que ha tenido.[15] Por lo tanto esta situación es

---

[12] Informe de la convención general 2008, Anaheim CA.

[13] George Barna and David Kinnaman, Loc 240.

[14] Kelly Bean, *How to be a Christian without going to Church: The Unofficial Guide to Alternative Forms of Christian Community,* (Grand Rapids, MI: Baker Books, 2014), 12–13.

[15] Julia Duin, *Quitting Church: Why the Faithful Are Fleeing,* (Colorado: Bonfire Books, LLC. 2013), 58.

bastante preocupante, además de crítica, ya que se están moviendo los cimientos de la iglesia tradicional, pues la iglesia en general se encuentra en una crisis que se está manifestando en el ausentismo de la gente.

Estos estudios revelan que la gente, independientemente de si son cristianos tradicionales, protestantes, católicos, jóvenes o latinos asimilados por la cultura americana, en algún momento de sus vidas, van a tomar la decisión de irse de la iglesia y cambiar de religión.

A los estudios mencionados agregamos la condición de una iglesia en una comunidad de inmigrantes, donde ellos tienen el doble reto de servir a Dios y subsistir en una sociedad que no es amigable. Juan González expone la campaña anti–inmigrante que ha adoptado los Estados Unidos desde hace mucho tiempo, con nuevas leyes migratorias que criminalizan a quienes emplean indocumentados; y con redadas sorpresas en las casas y en los lugares de trabajo, utilizando estrategias militares, como si se estuviera buscando terroristas. Los arrestos han aumentado un 750% últimamente. Los agentes de ICE y alguaciles como Arpaio han creado un clima de terror en la población indocumentada.[16] Cientos de personas han sido deportadas, no importándole a los agentes de inmigración dejar niños abandonados, familias desintegradas y sobre todo, traumas emocionales de gran envergadura. El Dr. Martínez expone aún más la cruda realidad social de los inmigrantes al presentar algunos de los problemas más preocupantes que la detención de los indocumentados produce, y el impacto que ello causa en sus familias. Él presenta la descomposición familiar, la violencia doméstica, la deserción escolar, la pobreza extrema, el aumento del número de madres

[16] Juan González, *Harvest of Empire: A History of Latinos in America,* (New York: Penguin Books, 2011), 211–216.

solteras, etc.[17] Esta clase de agresión hace que todos los días muchos miembros de las congregaciones sean arrebatados de sus familias y de los templos a donde asisten. La pregunta que hay que hacerse es: ¿Está lista la iglesia para enfrentar esta realidad? Los pastores y líderes deberían preguntarse qué pueden hacer al respecto.

II. ¿Quiénes se están yendo?

Pasemos a la siguiente pregunta. ¿Quiénes se están yendo de la Iglesia? O ¿Cuál es el grupo más proclive a irse de la Iglesia? El estudio que se ha realizado arrojó resultados verdaderamente sorprendentes, ya que la deserción se está dando en todas las direcciones; con todos los géneros, edades y clases sociales; y en todos los niveles del cristianismo.

1. *Pastores, ministros y líderes se están yendo de la iglesia.*

Kelly Bean era una líder crecida en la iglesia; alguien a quien desde los tres años "le corría la iglesia por las venas". Su familia había servido en la iglesia toda la vida; sin embargo, al considerar la diferencia que se hacía entre ella siendo mujer y los demás líderes varones de su congregación a los cuales les pagaban más por sus servicios, ella decidió moverse a otra congregación donde se le diera una mejor oportunidad. Sin embargo, tampoco funcionó y terminó liderando un grupo pequeño.[18] Ella incluye en su libro reveladoras historias de gente buena que se fue. Jim Henderson había sido pastor, plantador de iglesias; había dirigido la adoración, oficiado ceremonias matrimoniales, llevado a cabo campañas evangelizadoras; dirigía los grupos pequeños; en fin, todas las actividades de un pastor ocupado. Se había movido de

---

[17] Juan F. Martínez, *Caminando entre el pueblo: ministerio latino en los Estados Unidos* (Nashville: Abingdon Press, 2008), 33–34.

[18] Kelly Bean, 21–26.

una iglesia pequeña a una "mega iglesia" y sirvió en su staff por 25 años, pero después paró de asistir y la razón fue sencilla: la política del liderazgo. El sistema roto de la iglesia y la incapacidad de ver los problemas de la gente le afectó y lo sacó.[19] Lo que le pasó a Jim es algo que sucede en muchas de las iglesias hispanas, donde los líderes eclesiales no están preparados para tratar con la gente y suelen incurrir en el abuso de poder.

2. *Profesionales, maestros de institutos y escritores se están yendo.*

Julia Duin, en su libro "Quitting Church", hace énfasis en la gente buena que se va de la iglesia. Reportera sobre religión y además creyente, expone la problemática de la deserción de una manera extraordinaria. Bean la entrevistó y dice: "Ella trató iglesia tras iglesia, enfrentando repetidas dificultades para poder encontrar una comunidad auténtica donde ella como mujer soltera y con una profesión pudiera encajar"[20] y terminó fuera de la iglesia. En su libro, presenta la larga lista de amigos de ella y de gente buena que se ha ido. Bárbara B. Taylor, quien escribe el libro "Leaving Church", añora estar en la iglesia después de haber estudiado y preparado su vida para el ministerio. Después de haber trabajado tanto tiempo en las tareas de la iglesia, ella terminó enseñando en una escuela pública, en lugar de estar dirigiendo un servicio o enseñando. Ahora ella vive con la esperanza de abrir un restaurante o ir a un viaje de voluntaria a Nepal.[21] Son historias muy conmovedoras que le han pasado a muchas personas —entre ellos Francisco, mencionado arriba— quien ahora dirige un club de soccer (balompié).

---

[19] Kelly Bean, 54–55.

[20] Kelly Bean, 50.

[21] Barbara B. Taylor, *Leaving Church: A memoir of faith,* (New York: Harper Collins, 2006), 6–8.

Daniel J. Lewis profesor de instituto bíblico, escribe un extraordinario libro en el cual cuenta su experiencia de dejar su iglesia, la Iglesia Pentecostal Unida —U.P.C. por sus siglas en inglés. En este apasionante trabajo, él destaca cómo poco a poco su mente se fue drenando con ideas teológicas diferentes a las que había abrazado desde pequeño y con desacuerdos en la forma en que esa organización conservadora trabaja los asuntos doctrinales y de disciplina. Este ejemplo es bien importante ya que refleja cómo un sistema conservador puede echar fuera de la iglesia a líderes buenos como Daniel. En su fastidio con el extremismo de la organización, según el autor, salió de ella para terminar como pastor evangélico en una iglesia de una tradición distinta a la que él siempre había tenido. Este caso habla de las tendencias de iglesias conservadoras doctrinalmente. En esta tradición todos los demás están equivocados y, según el autor, sólo ellos tienen la verdad. Daniel creía que era muy raro ver a un "unicitario radical" dejar la iglesia y terminar en una denominación evangélica o de corte liberal. Comprobó que era todo lo contrario cuando salió y se encontró con muchos amigos suyos que ya estaban afuera y se dedicaban a otras ocupaciones; muchas de las cuales no se relacionaban con la iglesia.[22] En esta misma línea de pensamiento se puede preguntar: ¿Hasta qué punto el estudio y la preparación secular afectan la conexión con la iglesia? O una pregunta más directa: ¿El estudio secular aparta a la gente de la fe? Y una tercera pregunta: ¿Se puede ser cristiano y a la vez profesional, sin que esto último afecte las creencias doctrinales? Estas preguntas son las que muchos cristianos se hacían anteriormente, y por esa razón se oponían a que los jóvenes estudiaran en la universidad y se prepararan, pues pensaban que eso los podría desviar de la fe.

---

[22] Daniel J. Lewis, *Journey Out: Of the United Pentecostal Church,* (Daniel J. Lewis, 1994).

3. *Hombres y mujeres se están yendo.*

La deserción no está haciendo distinción de género, ya que tanto hombres como mujeres dejan la iglesia, y la mayoría de ellos asiste después a reuniones de grupos pequeños. En el contexto de este trabajo, hay muchas personas que asisten a las reuniones de grupos pequeños, pero no a la iglesia. Duin señala que millones de evangélicos están dejando la iglesia tradicional en busca de pastos verdes.[23] Así que la gente que se está yendo son hombres y mujeres que han tenido mucha trayectoria y han ocupado posiciones de importancia en las iglesias.

4. *Los jóvenes y adolescentes se están yendo.*

David Kinnaman, quien hizo un extraordinario trabajo sobre la deserción en la juventud, dice que los adolescentes son los más activos en la iglesia cuando se trata de religión, pero cuando llegan a los veintes, se vuelven menos activos. Él afirma: "Los jóvenes son el agujero negro de la asistencia a la iglesia".[24] Este es el grupo más fuerte de desertores. Kinnaman clasifica a los jóvenes que se van en tres grupos:

a) *Los nómadas,* quienes se caracterizan por deambular espiritualmente durante los veintitantos. Es el grupo más común de deserción de los jóvenes cristianos llegando a la madurez. Éstos se fueron de la iglesia gradualmente comenzando con la indiferencia.

b) *Los pródigos* por su parte son los desertores jóvenes que abandonan la fe juvenil y de su niñez por completo. Éstos tienen niveles variados de resentimiento hacia

[23] Julia Duin, *Quitting Church: Why the Faithful Are Fleeing,* (Colorado: Bonfire Books, LLC. 2013), 58.

[24] David Kinnaman, *Me Perdieron: Por qué los cristianos jóvenes están abandonando la Iglesia y repensando su fe,* (Miami, FL: Editorial Vida, 2013), 21.

cristianos y el cristianismo, se han "mudado" del cristianismo y han desestimado volver a la iglesia.

c) Los exiliados; aquellos que se sienten atrapados entre dos mundos, expulsados y apartados de algo familiar. Los exiliados crecieron en la iglesia y están emocional o físicamente desconectados de alguna manera, pero todavía tienen energía para seguir desarrollando una vida que honre a Dios.[25]

5. *Hombres y madres solteras se están yendo.*

Duin escribe que en el otoño del 2005 un nuevo libro llegó a su escritorio, el cual se titulaba: "Por qué los hombres odian ir a la iglesia" por David Murrow. Este libro mostraba, según la autora, a un hombre durmiendo sobre una banca en pleno servicio. De acuerdo a la autora, este libro reportó que los hombres no estaban caminando hacia fuera de la iglesia: ¡Estaban corriendo![26] Pero no sólo los hombres. En el mismo libro menciona que las madres solteras no encuentran el apoyo de los pastores, y aun gente profesional está dejando la iglesia porque falta madurez en los líderes de la misma.[27]

III. Conclusión

Como hemos visto, la deserción es una crisis que se está viviendo en la iglesia en general y se está dando en todos los niveles. Todos los casos mencionados arriba son parte de una lista interminable de personas jóvenes, adultos, madres solteras, hombres solteros, profesionales, no profesionales, ministros,

---

[25] David, Kinnaman, https://www.barna.org/teens–next–gen–articles/528–six–reasons–young–christians–leave–church, Publicado por Barna Group 2011. Consultado Febrero, 11. 2016.

[26] Julia Duin, 20.

[27] Julia Duin, 10.

pastores y un gran número de personas que una vez dieron todo lo que tenían por Cristo y por su Iglesia; y sin embargo algo les sucedió en el camino que los hizo abandonar la carrera cristiana, y ahora se encuentran deambulando por el mundo como el hijo pródigo, o en otra organización con la cual nunca soñaron.

CAPÍTULO 3

¿Por Qué Se Están Yendo?

El que se vaya la gente de la iglesia no es nada nuevo y va a seguir ocurriendo; sin embargo, debemos preguntarnos: ¿Por qué se están yendo? Esta pregunta es la clave de nuestro estudio. Por lo tanto, en este punto presentaremos los resultados de la investigación que muestran las causas que están mencionando escritores, expertos y personas en general acerca de la deserción. Muchos de los desertores han tenido una experiencia negativa con la iglesia y por eso se han ido. Aunque la lista de motivos es grande, en este estudio sólo presentaremos los más comunes.

I. La gente se va por asuntos relacionados a la iglesia

Según Kelly Bean, en muchos casos la gente se va por culpa de la iglesia. Ella escribe la experiencia de muchas personas que han desertado de la iglesia y cuentan sus tristes experiencias. Los que se van están desencantados o insatisfechos con la iglesia, debido a sus políticas, descuidos y exclusiones. Ella encontró cuatro categorías de personas que se van de la iglesia:

1. Seguidores desilusionados que se van porque están heridos o enojados, o desaprueban la visión de los líderes de la Iglesia.

2. Exiliados reflexivos que se van, no porque estén heridos sino porque están reevaluando y reconstruyendo preguntas fundamentales de fe, creencias, valores. También por la visión ciega del líder de la iglesia.

3. Exploradores transicionales que se enfocan, no en lo que han dejado, sino en lo pueden encontrar fuera de la congregación.

4. Buscadores de caminos que iniciaron un proceso de evaluar la Escritura y sus posturas previas de creencias.[28]

George Barna por su parte pone de relieve la hipocresía de la iglesia. Después de haber hecho miles de investigaciones sobre iglesias, él dice que su partida se debió a la desconexión entre lo que la Biblia dice y lo que la iglesia hace. Además, reclama que, si la iglesia está compuesta de gente que ha sido transformada por la gracia de Dios y el Espíritu Santo, entonces sus vidas deben mostrar y convencer al mundo que son diferentes.[29]

En esta misma línea, Julia Duin agrega que encuesta tras encuesta demuestra que muchos americanos continúan sus prácticas religiosas privadas, como leer la Biblia, orar a Dios y aún compartir la fe en el Señor Jesucristo; pero han dejado de lado la institución. Ella encontró a muchos que confiesan lo vibrante que la iglesia era antes y lo muerta que parece hoy. Señala un reporte producido por Barna en el 2002 para la revista cristiana

---

[28] Kelly Bean, 65–66.

[29] George Barna, *Revolution,* (Carol Stream, IL: House Publishers, Inc. 2012), 42.

Christianity Today donde habla de nueve retos del cristianismo que están llevando a la deserción:

1. La alabanza en las iglesias es siempre lo mismo.
2. Los evangélicos están diluyendo su creencia teológica.
3. Las congregaciones evangélicas todavía están divididas entre: todos blancos, todos negros o todos hispanos.
4. Muchos cristianos, especialmente los jóvenes, no toman la Biblia en serio, especialmente en asuntos como el divorcio o el sexo pre-marital.
5. Ser cristiano en Estados Unidos no tiene costo esencialmente.
6. Cualquier expresión de lo súper natural ha dejado de existir en los cultos.
7. Nadie está listo para el hecho de que cristianos de la generación "Y" están yendo radicalmente a reinventar la iglesia.
8. Las iglesias norteamericanas tienden a competir en lugar de cooperar.
9. Hay escasez de buenos líderes. Los que llenan los púlpitos americanos —dice— son maestros, buenas personas todos, pero no son líderes que tengan visión.[30]

---

[30] Julia Duin, *Quitting Church: Why the Faithful Are Fleeing,* (Colorado: Bonfire Books, LLC. 2013), 21–22.

Además, Duin señala que los hombres y las mujeres soltero(a) s que se han ido de la iglesia se quejan de que no son alimentados en sus necesidades. Las mamás trabajadoras también no están contentas de perder su tiempo los domingos en una institución que no les da nada. Otras cosas que alienan a la gente son: los escándalos de la iglesia, las irrelevancias de un liderazgo ineficiente, la supresión de los dones espirituales durante los cultos del domingo, clérigos que son muy controladores o congregaciones pasivas, así como la naturaleza impersonal del servicio. Y la lista de causas sigue y se extiende.[31]

Cuando se trata el caso de la juventud cristiana, también hay grandes descubrimientos. David Kinnaman descubrió una amplia gama de perspectivas, frustraciones y desilusiones que obligan a los jóvenes veinteañeros a desconectarse de la iglesia. El autor presenta seis razones generales que ofrecen los jóvenes para la deserción. Aquí un breve resumen de cómo los jóvenes ven a la iglesia:

1. La iglesia es sobreprotectora. Los jóvenes creen que los cristianos están demonizando todo lo que esté fuera de la iglesia, por ejemplo: la cultura popular, las películas y la música.

2. Fe superficial. La mayoría de los jóvenes carece de una comprensión profunda de la fe, por lo tanto, su fe es superficial. Creen que no requieren la nutrición de una comunidad de fe para prosperar.

3. La iglesia es anticientífica. Los jóvenes sienten que la iglesia es antagónica a la ciencia y por esa causa está perdiendo demasiados jóvenes científicos.

---

[31] Julia Duin, 23.

4. La iglesia es represiva. Muchos, aunque no todos, ven a la iglesia como represiva: controladora, sin gozo y estricta cuando se trata de sexo, sexualidad y expectativas sexuales.

5. La iglesia es exclusivista. Los jóvenes creen que el cristianismo tiende a ser exclusivo, mientras que por otra parte tienen más probabilidades que la generación anterior de creer en el pluralismo religioso, el cual sostiene que hay muchos caminos diferentes hacia Dios.

6. En la iglesia no hay posibilidad para las dudas. Por último, el autor presenta que en la iglesia no se da lugar a la duda. La comunidad cristiana puede provocar que la iglesia se vuelva un lugar inhóspito para los incrédulos.[32]

Aunque ésta no puede ser toda la verdad, lo cierto es que la postura de los jóvenes que se van tiene mucho sentido en lo que plantea, pues la iglesia es muchas veces la responsable de que las personas abandonen las filas del cristianismo. Personas desconectadas, palabras agresivas, acciones indebidas del liderazgo, programas sin objetivo o una iglesia sin visión, pueden ser las causas de que una persona se desconecte. Es por eso que existe la necesidad de trabajar en las prácticas de la iglesia —como se verá más adelante— para cerrar esa puerta a la deserción. Baste por ahora decir que se tiene que revisar el ingreso de las personas a la iglesia; cómo ingresan, qué se les ofrece, cómo se integran y cuál es el tipo de seguimiento que se le da a aquellos que hacen compromiso de fe.

---

[32] David Kinnaman, *You Lost Me: Why Young Christians Are Leaving Church and Rethinking Faith,* (Grand Rapids, Mi: Baker Books, 2011), 91–185.

II. La gente se va porque pierde el compromiso

La segunda causa del porqué se va la gente de la iglesia tiene que ver con la pérdida del compromiso, en referencia al compromiso con Dios y al compromiso con la iglesia en sí. En un excelente trabajo sociológico producido por Philip Richter y Leslie Francis —arriba mencionado— se encuentra mucha luz sobre el tema en cuestión. En ese trabajo, los autores tratan las causas y presentan varias estadísticas sobre la deserción. Ellos observan la pérdida de compromiso como una de las causas principales del porqué la gente se va de la iglesia. Los autores señalan que el 53% de los encuestados menores de 20 años señaló que nunca había sentido ese compromiso, contra el 30% de los mayores de 20 años.[33] Además señalan que hay dos áreas consideradas por los sociólogos de la religión en la pérdida del compromiso cuando se estudia la desafiliación religiosa. La primera tiene que ver con jugar el papel de cristiano y la segunda con una des–conversión. En la primera, hay personas que pueden estar haciendo el papel de cristianos, pero en realidad no han tenido una conversión. En la segunda, las personas se convirtieron, pero por alguna causa entran en una etapa de des–conversión, la cual atraviesa el siguiente proceso:

1. Crisis de creer. Esta puede ser causada por múltiples factores externos.

2. Revisar y reflexionar la fe. Esta es una cuidadosa reflexión sobre su fe.

3. Desafección. Aquí comienza lo fuerte por los sentimientos que hay.

---

[33] Philip, Richter and Leslie J. Francis. *Gone but not forgotten: Church Leaving and Returning,* (London, SW: Darton, Longman and Todd Ltd, 1998), 12.

4. Salida. En esta etapa, cualquier mínimo evento puede causar la salida.

5. Transición. Es el proceso que lleva acostumbrase a no pertenecer.

6. Re–locación. Esta es la reubicación en el nuevo estilo de vida.[34]

Cuando hablamos de compromiso, debemos agregar a lo antes mencionado que este compromiso tiene dos enfoques. El primer enfoque tiene que ver con ese compromiso que la gente hace con Dios. Por lo general, la mayoría de las iglesias tiene una forma de ingreso de los nuevos creyentes al cuerpo de Cristo; y no se trata solo del asunto del bautismo, sino también de la confesión pública de que van a seguir a Cristo. Es decir, por lo general hacen un acto de compromiso en el cual prometen servirle a Dios. El otro aspecto del compromiso tiene que ver con la iglesia. Por lo general, cuando un nuevo creyente se adhiere al cuerpo de Cristo, implícitamente hace también un compromiso con la iglesia que lo está reclutando. Este compromiso se extiende a responsabilidades que adquiere el nuevo creyente, tales como asistencia a la iglesia, participación en la adoración y responsabilidades financieras, entre otras. Cuando una persona está comprometida, todas estas cosas no son un problema o carga para ella. Sin embargo, cuando se pierde el compromiso con Dios y con la iglesia, entonces se produce la des–conversión mencionada anteriormente.

III. La gente se va porque pierde la fe

La otra causa de deserción presentada por este estudio es la pérdida de fe, asunto que juega un papel muy determinante a la

[34] Philip, Richter and Leslie J. Francis, 6–24.

hora de irse de la iglesia.[35] Al hablar de la fe, debemos considerar que la misma tiene diversas implicaciones tanto teológicas como prácticas. La fe puede referirse a la forma de creer en cuanto a la doctrina de una persona, o también implicar la relación personal del individuo con Dios o hacia Dios. En esta línea, los autores señalan que el 45% de los menores de 20 años perdieron la fe contra el 29% de los mayores de 20 años. Además, el 58% de los menores de 20 dudaron o cuestionaron su fe contra el 42% de los mayores de 20.[36] Esta pérdida de fe puede darse en dos áreas: la primera puede ser en que la gente no está haciendo suficiente para profundizar su fe; la segunda, que hay un factor externo que la está perjudicando. De cualquier forma, la fe juega un papel vital en la permanencia. Conviene entonces preguntarnos: ¿Qué puede causar que una persona pierda la fe? Lo cierto es que la fe es fundamental para la vida del creyente, como el mismo texto bíblico lo demanda: "Sin fe no se puede agradar a Dios..." (Hebreos 11:6).

IV. La gente se va por cambios en sus valores

Los autores señalan que el cambio de valores también influye mucho en la salida de la gente de la iglesia. Es decir, mucho depende el asunto generacional en la partida. Por ejemplo, los "Baby Boomers" se caracterizan por abandonar no solo la iglesia sino también los valores, en comparación con las generaciones anteriores. Pero esta generación solo abrió paso a otras generaciones, las cuales siguieron este estándar de rebeldía y de ver a la iglesia de otra forma. En esa instancia, las posibilidades de abandonar la iglesia aumentan a medida que las generaciones son más nuevas. Por ejemplo, la encuesta que presentan los autores dice que el 44% de los nacidos después de 1945 consideraba el congregarse como

---

[35] Philip, Richter and Leslie J. Francis, 27.

[36] Philip, Richter and Leslie J. Francis, 37.

un acto hipócrita, contra un 11% de los nacidos antes de 1945.[37] Otro factor a considerar es que la gente cambia sus valores a través del tiempo; es decir, también le afectan los cambios.

V. Algunos se van porque se sienten estancados

Los autores señalan que algunos de los que se van de la iglesia lo hacen para crecer en su fe, ya que se encuentran estancados y no avanzan; entonces su motivación no es irse del camino del Señor, sino crecer.[38] Es interesante, pero en los casos presentados anteriormente por profesionales y líderes, la mayoría se fue por este particular. El pastor Jim mencionado arriba dice: "Alguna gente se va porque ha madurado y graduado. Pienso que hay etapas de la vida de la iglesia en las cuales la iglesia no puede seguir diciéndole a uno lo que tiene que hacer."[39] Este comentario es muy fuerte, pero puede ser una realidad para muchas personas que tienen mucho tiempo en la iglesia y no están haciendo nada.

VI. Algunos se van por las altas expectativas en la iglesia

Las expectativas que la gente tiene en la iglesia juegan un papel determinante a la hora de decidir irse o quedarse, especialmente si estas personas vinieron al camino del Señor con una promesa de que su necesidad sería suplida. Estas expectativas en la iglesia incluyen —pero no están limitadas a— la enseñanza y predicación, la adoración, el liderazgo y el cuidado pastoral.[40] Muchas personas se quejan, como se mencionó en el primer punto, de que no son atendidas en sus necesidades; otras se quejan de la falta de enseñanza en la iglesia, o una predicación débil y fuera de objetivo.

---

[37] Philip, Richter and Leslie J. Francis, 39–51.

[38] Philip, Richter and Leslie J. Francis, 53–59.

[39] Kelly Bean, *How to be a Christian without going to Church: The Unofficial Guide to Alternative Forms of Christian Community,* (Grand Rapids, MI: Baker Books, 2014), 56.

[40] Kelly Bean, 65–119.

Pero mayormente la queja de los que se van es sobre la falta de cuidado pastoral.

VII. Causas adicionales que provocan la salida de la gente

En un estudio publicado por el sitio de Internet "Noticiacristiana.com" el autor muestra diez de las causas más comunes por las cuales la gente se va de la iglesia. Cuando encuestaron a los que se fueron, éstos dijeron:

1. La iglesia no me estaba ayudando a desarrollar la espiritualidad.

2. No me sentía comprometido o involucrado en la obra de la iglesia significativamente.

3. Los miembros de la iglesia eran enjuiciadores de los demás.

4. El Pastor no era un buen predicador.

5. Demasiados cambios.

6. Los miembros parecían hipócritas.

7. La iglesia no parecía ser un lugar donde Dios trabaja.

8. La iglesia estaba dirigida por un clan que desalentaba la participación.

9. El Pastor era crítico de los demás.

10. El Pastor parecía hipócrita.[41]

Estos detalles son interesantes pues exponen los sentimientos y las realidades de aquellos que se van de las filas cristianas por diversas razones. Hendricks señala por los resultados de sus entrevistas que la gente viene buscando confianza en la iglesia y los ministerios, pero desafortunadamente no siempre la encuentran. Además, afirma que la gente desea comunidad, pero la iglesia está "en su mundo". La gente está hambrienta por verdad y realidad, pero la iglesia está "muy ocupada" en otras cosas.[42] Sin embargo, hay buenas noticias en medio de la crisis, pues Hendricks descubre que la gente en el fondo no quiere dejar la fe y tampoco quiere dejar la iglesia; que las iglesias no están llenas de hipócritas y tampoco están diciendo que todos los clérigos son deshonestos. Pero lo más importante de todo es que "no hay una razón específica por la cual la gente deja la iglesia".[43] Este análisis es extraordinario porque lo que los estudios realmente demuestran es que hay cientos de causas y razones que la gente tiene para irse, pero en realidad no hay una sola causa para la deserción.

VIII. Conclusión

Como se puede observar en esta investigación, la deserción es una crisis que se está dando en la iglesia actual en todos los niveles. Este estudio no contempla cuál denominación tiene el índice más alto de deserción; pero ciertamente hay unas iglesias que están sufriendo más que otras con eso. Algunas incluso están

[41] Ninro R. Peña, http://www.noticiacristiana.com/educacion/investigacion/2012/05/publican-las-10-razones-por-las-cuales-las-personas-abandonan-la-iglesia.html, Publicado por Noticias Cristianas, Mayo 2012. Consultado febrero de 2016.

[42] William D. Hendricks. *Exit Interviews: Revealing Stories of Why People are Leaving the Church*, (Chicago, IL: Moddy Press, 1993), 260–262.

[43] William D. Hendricks, 258–259.

desapareciendo. Los que se van son gente profesional, hombres y mujeres, soltero(a)s, jóvenes, adolescentes y el pueblo común; pero también un gran número de ministros y líderes. Aun pastores de muchos años de servicio se están yendo de la iglesia. Pareciera que una nube gris se quiere posar sobre la Iglesia Cristiana. A esta crisis sumémosle el avance de otras tradiciones religiosas que ciertamente están diezmando el avance de la Iglesia. Esto vuelve todo más difícil.

En este estudio se ha descubierto que las razones principales de la deserción de personas tienen que ver con asuntos relacionados a la iglesia. Los que se van, han perdido la conexión con la iglesia o se sienten desilusionados, enojados y hasta resentidos con la misma. En este punto cabe mencionar que la iglesia muchas veces puede tener una conducta expulsiva y no darse cuenta de ello. Analizaremos ese punto más adelante, pero por ahora diremos que la iglesia tiende a mantener tradiciones, valores extremos y hasta doctrinas no tradicionales, las cuales pueden ser la puerta de salida de muchas personas. Otro asunto a considerar es que también se pueden dar determinadas actitudes expulsivas de los miembros, que empujan a la gente hacia afuera. Tales actitudes pueden ser motivadas por la cultura, el nacionalismo, la raza y hasta el idioma. Por otro lado, algunos se van porque no se convirtieron bien, estaban jugando el papel de cristianos, o se han des–convertido en el camino; y otros han perdido la fe y aún han dejado de creer. Otros perdieron el compromiso con Dios, con la iglesia y consigo mismos, o se fueron porque los han herido las políticas y prácticas disciplinarias de la iglesia.

CAPÍTULO 4

Estudio Sobre La Deserción

I. Análisis bíblico

La deserción para nada es un fenómeno nuevo; la Biblia lo registra. De hecho, al mismo Jesús le desertó gente clave en su ministerio, ya sea porque no creían en él o porque les costaba mucho someterse a las reglas del Reino. Por ejemplo, en San Juan 6:51–68 Jesús está predicando y la gente rechaza su mensaje sobre el pan vivo que desciende del cielo. Aquellas palabras fueron muy duras para los seguidores de Jesús. El comentario Mundo Hispano sugiere que el tema fue tan fuerte y repulsivo para la mente de aquellos judíos, que optaron por contender sobre el mismo, al grado de irse "a los puños". Es decir que pasaron de la murmuración a la contención.[44] Al oír las palabras duras de Jesús, poco a poco se comenzaron a alejar, tanto así que los Apóstoles reclamaron al Señor que no les hablara tan fuerte, pues todos se estaban yendo. Este incidente revela la indisposición de las

---

[44] Juan Carlos Ceballos, Ruben O. Zorzolli, eds., *Comentario bíblico mundo hispano,* (El Paso, TX: Editorial Mundo Hispano, 2004), 167.

personas a someterse a la Palabra de Dios, y a las exigencias de Cristo.

Uno de los ejemplos que ha sacudido la fe de muchos y especialmente de los críticos del cristianismo es sin lugar a dudas el de Judas, quien no solo abandonó las filas del Maestro, sino que terminó traicionándolo y vendiéndolo (Mateo 26:14–16, 48–49). Judas es el tipo de discípulo de Cristo que le sigue por cosas diferentes a la salvación de su alma o el bienestar de la obra de Dios. De hecho, en las ocasiones donde es mencionado en el texto bíblico, aparece como el que le entregó: Mateo 10:4; 26:14-15, 47-48; 27:3; Marcos 14:10–11; Lucas 22:3–6; y otros textos. Judas es presentado como el traidor en el cual Satanás entró. La única ocasión donde quizás aparece preocupado (aparentemente) por los pobres, parece que realmente solo estaba interesado en el dinero, pues "metía su mano en la bolsa". De acuerdo con Juan, Judas era ladrón (Juan 12:1–6). Finalmente, Judas aprovechó la oportunidad del amor de Cristo para entregarlo y venderlo por treinta monedas de plata. Seguidores como Judas estarán esperando la oportunidad para dar el zarpazo y traicionar el amor, la confianza y la buena voluntad que Dios y la Iglesia le hayan dado.

Pero el ejemplo tal vez más claro sobre la deserción se muestra en la parábola del hijo pródigo (Lucas 15:11–32). Esta parábola está precisamente ubicada en un capítulo destinado a tratar el tema del que se pierde. En Lucas 15, Jesús habla de la oveja perdida (versos 1—7); la moneda perdida (versos 8—10) y la parábola del que bien pudiera llamarse también "el hijo perdido" (versos 11—32). Aunque las tres parábolas hablan de pérdida, por cuestión de enfoque sólo hablaremos de este hijo que se va de la casa. El hijo pródigo es una triste historia que Jesús utiliza para ilustrar lo que le puede pasar a una persona que tiene a Dios, pero que anhela explorar otros horizontes. El hecho de que Jesús le menciona justamente en una serie de parábolas de lo que se pierde, nos habla de la preocupación de Jesús al respecto. Sencillamente este joven decide irse de la casa a explorar el mundo exterior y con esta acción surgen muchas preguntas tales como: ¿Qué motivó a este joven a tomar esa decisión? ¿Tenía problemas con su padre o su hermano? ¿Tal vez no quería estar más bajo el yugo de su padre? ¿Por qué el padre no trata de persuadirlo para que se quede en casa? En la historia vemos que el padre accede a darle la herencia a su hijo, aun sabiendo que la va a malgastar y se va a perder. Como ya sabemos, en la historia de Jesús este joven sale en efecto al mundo, ansioso de experimentar lo que éste le ofrece; y abandona el hogar donde no le hace falta nada. Al malgastar todo lo que tiene —por eso es llamado "pródigo"— y faltarle el sustento, es que se da cuenta de lo que tenía y que ahora desafortunadamente ha perdido. Muchas veces los hijos pródigos se sienten cansados de las reglas y de la rutina, y desean probar el mundo exterior. Entonces salen en busca de la aventura, sólo para encontrarse con la dura realidad de que fuera de la casa del Padre hay nada más que miseria y desesperación. Esta parábola ilustra claramente a una persona que ha estado en la iglesia toda su vida pero que en determinado momento se hastía de las reglas, de las órdenes y de la autoridad; por lo que decide experimentar lo que hay fuera del reino de Dios.

La Biblia también registra en Lucas 9:57–62 a los que quieren seguir a Jesús, pero están muy ocupados haciendo otras cosas y no dispuestos a poner a Dios en primer lugar. Aparece uno que tiene puesta la mirada en los beneficios económicos del reino; otro que presenta la excusa de tener que enterrar a su padre primero; y otro que se escuda en que debe despedirse de los que están en su casa, antes de seguir a Jesús. Ninguno de estos estuvo dispuesto a sacrificarse por la salvación. Y qué se puede decir de los Apóstoles, que al momento de Cristo ser aprehendido, huyeron dejándole solo (Mateo 26:56); o de Demas, quien dejó a Pablo porque amó más al mundo (2ª Timoteo 4:10); o de Himeneo y Alejandro, que naufragaron en la fe (1ª Timoteo 1:20). Estos ejemplos nos enseñan claramente que, a la hora de la verdad, no todos estarán dispuestos a permanecer con Cristo. La Biblia está llena de ejemplos de seguidores a medias, no comprometidos, que en un momento duro optaron por abandonar la carrera.

II. Análisis teológico

Algunas preguntas que debemos hacernos acerca de la deserción son: ¿Por qué sucede? ¿Está sucediendo porque estamos fallando a Dios? ¿La experiencia con Dios de las personas que desertan es ficticia o a medias? ¿O es que nunca la han tenido? Es bueno utilizar aquí el análisis de teología práctica de Richard Osmer frente a situaciones comunes que suceden en la iglesia. Él dice que cuando ocurren ciertas situaciones en la iglesia, tenemos que hacernos las siguientes preguntas: ¿Qué está pasando? Es decir, identificar claramente qué es lo que está pasando. Luego: ¿Por qué está pasando? Es decir, debe haber algo que lo está ocasionando. También debemos preguntarnos: ¿Qué es lo que debería estar pasando? Es decir, si estamos trabajando sobre algún asunto, tenemos expectativas de que las cosas sucedan de cierta forma. Y, por último: ¿Cómo podemos responder? Es decir, cuál debe ser nuestra respuesta como pastores y líderes ante tal situación.[45]

Cuando se analiza la deserción desde la perspectiva teológica, se debe establecer que la voluntad de Dios es que nadie se pierda, sino que todos sean salvos. Desde el jardín del Edén, tan temprano, vemos la salvación de Dios la cual continúa presente hasta la primera venida de Cristo a la Tierra. De hecho, Cristo dijo que vino a buscar y a salvar lo que se había perdido (Lucas 19:10).

---

[45] Richard R. Osmer, *Practical Theology: An Introduction,* (Grand Rapids, MI: Wim. B. Eerdmans Publishing Co., 2008), 4.

Orlando Costas establece que, desde el Antiguo Testamento, Dios es conocido como un Dios Redentor; un Dios que salva de la esclavitud a su pueblo Israel. El Nuevo Testamento incluye por lo menos tres elementos fundamentales en este proceso: liberación del pecado y de la muerte, nacer de nuevo en la familia de Dios y participar en el reino de Dios.[46]

Jesús enfatizó que él no vino a perder las almas sino a salvarlas, y les recriminó a sus discípulos la falta de conexión en este particular (Lucas 9:55–56). Dios ama a la gente, y no quiere que se pierda ni uno solo de nosotros. Por lo tanto, esa es y debe ser la postura teológica de la Iglesia. Pero también es necesario reconocer que Jesús exigió un fuerte compromiso a todos los que le querían servir. Les dijo que era necesario negarse a sí mismos y tomar su cruz todos los días, si querían ser sus discípulos (Mateo 16:24; Marcos 8:34; Lucas 9:23). Dios exige un compromiso. Costas dice que este compromiso implica enfrentar nuestras realidades y entrar en una nueva vida; incorporarse al cuerpo de Cristo, arrepentirse, cambiar de vida, cambiar de relaciones y adoptar una manera distinta de ver las cosas.[47]

Pero el que sigue a Jesucristo debe experimentar una conversión genuina. Jesús llamó al arrepentimiento y a la conversión (Mateo 3:2; 4:17; Marcos 1:15). Lonergan afirma que la conversión tiene dimensiones y debe traer cambios personales, sociales, morales e intelectuales. Él señala tres áreas de conversión, que son la intelectual, la moral y la religiosa. La intelectual es una clarificación radical y la eliminación de una terquedad mal dirigida de la realidad, objetividad y conocimiento humano. La conversión moral cambia el criterio de la decisión y opción de

[46] Orlando Costas, *The Study of Evangelism: Exploring a Missional Practice of the Church*, (Grand Rapids, MI: William B. Eedermans Publishing Co. 2008), 33–40.
[47] Orlando Costas, 42–44.

la satisfacción por el valor. Y la conversión religiosa que ha sido tomada como la última; es una rendición total y permanente sin condiciones, requisitos ni reservas.[48] Por lo tanto, los cristianos se deben acomodar a las reglas del reino —al menos esas fueron las exigencias de Jesús. Hay personas que van de iglesia en iglesia, buscando la iglesia que les conviene, una que no les exija nada. Wuthnow les llama "compradores espirituales", pues eso va con nuestra cultura de consumo donde las compras connotan la toma de decisiones y la libertad de elegir de acuerdo al gusto personal.[49] Alguien dijo por allí que hay iglesias para todos los gustos y eso es una gran verdad, especialmente cuando se trata de uno mismo. Hoy por hoy la sociedad de consumo está dominando al mundo, y lo peor del caso es que ese dominio está penetrando las filas cristianas. Sin embargo, los que deciden servir a Jesús han crucificado la carne con sus pasiones y deseos (Gálatas 5:24). La otra exigencia de Dios es un amor genuino, desinteresado y único hacia Él. Esto fue lo que Jesús recordó a los religiosos (Mateo 22:37) y exigió a sus discípulos (Juan 21:15–17). Si una persona no ama a Dios verdaderamente, no tendrá algo que le mantenga cerca de Él.

En último lugar, hay que considerar que no todas las personas van a responder a Dios y a su Palabra de la misma manera. La parábola del sembrador es el ejemplo perfecto para ilustrar esto (Mateo 13:1–9;18–23; Marcos 4:1–9; Lucas 8:4–15). En esta parábola, el sembrador salió a sembrar. Parte de la semilla cayó junto al camino, parte sobre pedregales, parte entre espinos y parte en buena tierra. En esta parábola podemos ver el impacto y el trabajo de la palabra de Dios en la vida del ser humano. Aquí

[48] Walter E. Conn, *Conversion: Perspectives on personal and social trasnformation*, (Alba House: New York, 1978), 13– 17.

[49] Robert Wuthnow, *America and the Challenges of Religious Diversity*, (Princeton, NJ: Princeton University Press, 2005), 107.

encontramos cuatro escenarios en los cuales hay una interacción de la palabra de Dios con cuatro diferentes campos, la cual produce diferentes resultados. Cuando Jesús da la explicación a sus discípulos sobre la parábola, aplica la misma de la siguiente manera: primero, está el grupo de junto al camino. Éste oye, no entiende y el diablo le roba lo que fue sembrado. El resultado es que no hay fruto y la persona se pierde. En segundo lugar está el grupo de los pedregales. Este es el oyente emocional que no echa raíces y en las primeras pruebas abandona la carrera. El resultado es que no hay fruto y éste también se pierde. Tercero, el grupo de los espinos. Este es el oyente muy enraizado en este mundo, sus afanes y riquezas. El resultado es que éste también se pierde, pues no da fruto. Y por último el cuarto grupo, que es el de la buena tierra. En este escenario, la semilla produce fruto a ciento, a sesenta y a treinta por uno. José Rodríguez afirma que esta parábola habla del rol de los que enseñan en el proceso de aprendizaje. Jesús estimulaba a sus oyentes a pensar y a aprender. Pero también enfoca la naturaleza y disposición del oyente; es decir, si un oyente tiene aptitud para el mensaje, este producirá buenos resultados. Pero lo más importante de esta parábola es la buena iniciativa de Dios en el proceso de trasformación del hombre.[50] Dios quiere cambiar al hombre, aunque no todos querrán cambiar.

III. Análisis eclesiológico

Las realidades presentadas sobre la deserción se manifiestan en la forma que nosotros "hacemos iglesia". Es decir, nosotros acondicionamos el ambiente para que Dios trabaje en la vida de las personas y éstas se queden o se vayan. Según Thomas G. Bandy —quien escribe un maravilloso libro sobre este asunto— hay dos

---

[50] José D. Rodríguez, *Justicia en Nombre de Dios: Entendiendo la fe desde la perspectiva hispano/Latina*, (México, D. F.: Publicaciones El faro, 2002), 44–51.

tipos de iglesias: las que florecen y las que decaen. Él sostiene que el sistema y organización de la iglesia decadente está destinado a hacer por todos los medios posibles que las personas que vienen a la iglesia se queden. Se hace lo imposible por reclutarlos y entrenarlos sobre el sistema de la iglesia, involucrándolos en cada uno de los eventos que la iglesia tiene programado. Los creyentes son presionados para unirse a los diferentes comités, grupos y proyectos de la organización y así, poco a poco, van adentrándose en el sistema burocrático de la iglesia. Sin darse cuenta, los nuevos conversos terminan abrumados por la cantidad de reuniones y actividades que tienen que desarrollar; se sienten forzados, y una vez cansados terminan por irse de la iglesia. Por otro lado, afirma Bandy, la iglesia floreciente es todo lo contrario. En la iglesia floreciente se da prioridad al culto, la espiritualidad y la formación de la fe de los creyentes; hay una eficiente administración por gente capacitada y control descentralizado. En este tipo de iglesia el sistema es dinámico y la organización está diseñada para el crecimiento, no solo de la organización sino de los individuos, los cuales son capacitados y empoderados para realizar y cumplir el propósito de Dios para sus vidas.[51] En el sistema presentado por Bandy, cada persona encuentra su propósito y tiene la oportunidad de desarrollar sus dones; los creyentes participan de actividades destinadas a hacerlos crecer para que vivan una vida verdaderamente plena. Estos modelos representan lo que uno puede estar haciendo con la gente sin darse cuenta. La manera en que uno desarrolle estos sistemas puede representar tanto la permanencia como el abandono de aquellos que llegan a la iglesia.

En la investigación de este trabajo, se observó que una de las causas de la deserción tiene que ver precisamente con asuntos relacionados con la iglesia; por lo tanto, se deben tomar en cuenta

---

[51] Thomas G. Bandy, *Desechando hábitos, Ayuda para iglesias adictas,* (Nasville, TN: Abingdon Press, 2003), 47–104, 127–176.

algunas consideraciones en referencia a ella: ¿Por qué existe la Iglesia? ¿Cuál es el papel que desarrolla en la vida de las personas? ¿Por qué pertenecer a la Iglesia? ¿Qué significa ser miembro de la iglesia? ¿Cuáles son los privilegios y responsabilidades de un miembro de la iglesia? ¿Pierde la membresía un miembro que se ausenta de la iglesia por un tiempo considerable?

Lo primero que hay que considerar es el rol o la visión que se tiene de la Iglesia en este mundo. La Iglesia fue establecida por Cristo (Mateo 16:18) y representa el pueblo escogido de Dios en esta tierra (1ª Pedro 2:9). Una de las características mencionadas por Jesús en referencia a la Iglesia es que ella es la sal de la Tierra y la luz del mundo (Mateo 5:13–16). Desde esta perspectiva, la Iglesia existe para dar testimonio de Jesús y para darle valor y vida a la gente. René Padilla enfatiza que la Iglesia debe ser un agente de transformación en este mundo. Sin embargo, para lograrlo, una de las características principales que ella debe adoptar es la de una iglesia integral. Una iglesia integral es aquella en la cual el Espíritu de Dios está en libertad de actuar para que la palabra de Dios se haga carne en ella; para que ella avance en el proceso de transformación, no sólo de ella en sí sino también de la comunidad a la que sirve. Padilla argumenta que este proceso comienza con el compromiso con Jesucristo como Señor de todo y de todos; y, si Jesucristo es el Señor de todo el universo, la obediencia a Él se requiere en todas las áreas de la vida humana: en lo económico, político, social, cultural, estético, ecológico, tanto personal como comunitario.[52] Por lo tanto, la Iglesia debe ocupar su rol en el proceso transformador de los que Dios llama.

La otra consideración tiene que ver con la dinámica de cómo hacer el trabajo al cual ha sido llamada. La misión de la Iglesia

---

[52] René C. Padilla, *La Iglesia local como agente de transformación: Una eclesiología para la misión integral,* (Buenos Aires: Kairos Ediciones, 2003), 14–22.

la encontramos definida en la gran comisión que Cristo da a sus discípulos en Mateo 28:19–20, en que les envía a predicar el Evangelio y a discipular al mundo. De allí entonces que la Iglesia recibe la misión y ésta se resume en la predicación del Evangelio y el discipulado constante de la gente. Orlando Costas enfatiza que la proclamación o anuncio del Evangelio es una tarea fundamental de la Iglesia e incluye tres asuntos fundamentales: la proclamación del nombre de Dios —esto es, dar a conocer a Dios; la proclamación del reino de Dios —esto es, aceptar el gobierno de Dios; y la proclamación del momento de Dios —esto es, el llamado a una conversión.[53] Pero también la Iglesia debe trabajar en un discipulado constante, el cual prepare a los que entran a ella para el lugar adonde Dios los quiere poner. En este sentido, Padilla señala que la Iglesia ha sido llamada a trabajar en el discipulado cristiano, el cual debe ser entendido como un estilo de vida misionero al cual toda la Iglesia —cada uno de sus miembros— ha sido convocada.[54] En esta misma línea de pensamiento, Orlando Costas argumenta que la misión para ser congruente con su naturaleza debe conducir invariablemente a la formación de discípulos. Por lo tanto —agrega Costas— "una misión en anchura debe ir acompañada de una misión en profundidad".[55] En otras palabras, el discipulado no puede ser relegado y mucho menos llevarse a cabo superficialmente; y es precisamente esta área la que la Iglesia debe transformar para evitar que las personas se queden estancadas en un cristianismo "de banca" (inactivo) o nominal.

El tercer aspecto que la Iglesia del Señor tiene que considerar es la inclusión de todas las personas que se adhieren a ella; lo que

---

[53] Orlando Costas, *Compromiso y Misión,* (San José, Costa Rica: Editorial Caribe, 1979), 31–43.

[54] René C. Padilla, 23.

[55] Orlando Costas, *Compromiso y Misión,* (San José, Costa Rica: Editorial Caribe, 1979), 45–46.

tiene que ver con el desarrollo del sacerdocio universal de los creyentes. En este aspecto, todas las personas que se convierten en miembros de la Iglesia juegan un papel determinante en la existencia y el avance de la misma en este mundo. Alberto Roldán señala la importancia que tiene el sacerdocio universal de todos los creyentes en la misión integral de la Iglesia. Para Roldán todos los cristianos y las cristianas, sin excepción, son hechos sacerdotes habilitados para ejercer como tales dentro de la Iglesia[56]. Sin embargo, esta visión se ha visto estorbada históricamente por las prácticas eclesiales y ministeriales, las cuales han bloqueado el ministerio de los creyentes. Por último, cabe mencionar que, si la Iglesia quiere retener a las personas que se agregan, debe cambiar la visión de su existencia y debe modificar la forma en que incluye a los nuevos creyentes.

IV. Conclusión

Concluimos este capítulo señalando que la deserción es un asunto que se ha estado dando desde tiempos bíblicos y seguramente va a seguir ocurriendo; pues como se ha visto en este estudio, en la misma Biblia se registra este fenómeno. Sin embargo, también es necesario recalcar que Dios no propicia la deserción; mucho menos la aprueba. De hecho, él sufre cada vez que una oveja se pierde o descarría. Por eso es de suma importancia que la Iglesia revise sus prácticas relacionadas con el cuidado de las personas, y busque una alternativa para trabajar mejor sobre este asunto, tal y como se propondrá mas adelante.

[56] Alberto Roldán, *La Iglesia como agente de transformación,* 104.

CAPÍTULO 5

La Respuesta A La Deserción

En la investigación sobre la deserción de este libro, se ha llegado al conocimiento de que la gente se va de la iglesia por problemas con la misma iglesia, pérdida de compromiso y pérdida de la fe, entre otras cosas. Ahora que conocemos las principales causas de la deserción, quizás la pregunta más importante que debemos hacer es: ¿Qué se puede hacer al respecto? O, ¿qué intervención debe hacer la Iglesia? Es importante mencionar que las causas hasta ahora presentadas pueden no ser necesariamente las que estén presentándose en una iglesia específica, por lo tanto, en este capítulo se abordan algunas respuestas para la deserción que pueden ayudar a cualquier iglesia con este problema y no solamente a iglesias con situaciones de deserción específicamente ya mencionadas.

Es evidente pero aún así debemos anticipar que este libro no tiene todas las respuestas para frenar la deserción; sin embargo, contiene muchos elementos que pueden servir como herramientas para pastores, líderes y laicos que estén interesados en trabajar en la permanencia de los creyentes en la iglesia. Por lo tanto, los capítulos que se presentan a continuación responden a lo antes mencionado, lo cual puede servir de guía para salvaguardar a las almas por las que Cristo murió en la Cruz.

Si su iglesia se encuentra enfrentando la deserción de sus miembros, usted no puede quedarse con los brazos cruzados; necesita llevar a cabo una intervención. Intervención significa tomar acción y desarrollar un plan estratégico para trabajar en esta área específica. Para tener una idea de cómo se hacen estas cosas, Sensing señala que la intervención utiliza proyectos, retiros, clases, sesiones de planeación, entrenamientos, estudio de casos y un sinnúmero de actividades.[57] Por lo tanto, tomando en cuenta la propuesta de Sensing y considerando el enfoque de la problemática de la deserción de la iglesia, se debe aplicar una intervención que ayude en áreas de la parte práctica y también de la parte teológica de la iglesia. Para desarrollar una intervención de manera más efectiva, ésta puede tomar tres pasos.

Como la causa principal de la deserción presentada en este estudio se relaciona con la iglesia en sí —sea esto cierto o no— es conveniente que toda la investigación comience precisamente en la iglesia. Una estrategia para pastores, líderes y trabajadores de la iglesia sería realizar un sondeo por medio de entrevistas, estudio de casos y encuestas, para darse cuenta de lo que realmente está pasando en la congregación. Uno sencillamente no se dará cuenta de lo que esté pasando a menos que investigue, pregunte y profundice en la situación. Por lo tanto, en este capítulo se presentan algunos ejemplos de lo que se puede hacer para entender lo que está pasando.

I. Entrevistas

El plan de acción debe incluir entrevistas a personas que se han ido de la iglesia local, para comprender por qué se fueron. La

[57] Tim Sensing, *Qualitative Research: A Multi–Methods Approach to Projects for Doctor of Ministry Theses,* (Eugene, OR: Wipf and Stock, 2011), 66.

razón de estas entrevistas es que no todas las iglesias tienen los mismos problemas y muchas cosas que se exponen aquí pueden no ser aplicables a todos los lugares; aunque sí pueden ser aplicables las preguntas. Estas entrevistas pueden ser de contestación abierta, como las llama Myers: "Open ended interviews"; las cuales son construidas alrededor de áreas que se creen son consideradas críticas de la práctica del ministerio. En las mismas, todos reciben las mismas preguntas.[58]

Para este fin deben utilizarse equipos imparciales de investigadores de campo; esto con la idea de que las personas se sientan en confianza y puedan hablar de lo que realmente pasó en sus vidas. Un ejemplo de encuesta es el modelo que utiliza la Iglesia Católica en Buffalo NY. Básicamente, se plantean preguntas muy sencillas a la persona; preguntas tales como las que se detallan a continuación:

1. ¿Qué fue lo que más te llamó la atención de esta iglesia cuando te uniste?

2. ¿Qué ha cambiado desde entonces?

3. ¿Qué fue lo que disparó la partida? ¿Me puedes hablar de ello?

4. ¿Dirías que te fuiste en reacción a una persona en particular, un evento específico o una actitud?

5. Cuéntame del momento de la partida. ¿Le informaste a alguien que te ibas?

6. ¿Alguna persona habló contigo antes de que te fueras?

---

[58] William R. Myers, *Research in Ministry: A Primer for the Doctor of Ministry Program*, (Exploration Press: Chicago IL.), 55.

7. ¿Tuviste oportunidad de hacer en la iglesia lo que mejor sabías?

8. ¿Qué cambios harías en la membresía si fueras el Pastor?

9. ¿Qué cosas mantendrías si fueras el Pastor?

10. ¿Regresarías a la iglesia?

11. ¿Tienes alguna pregunta o comentario? [59]

Estas preguntas ayudan a que las personas se abran y expresen lo que realmente pasó y cómo se sienten. También esto puede ayudar de una manera muy positiva para que la iglesia conozca las causas por las cuales la gente se va y pueda tomar acciones para corregir las deficiencias que está teniendo.

Se debe anticipar al liderazgo de la iglesia que, al intentar realizar estas entrevistas, muchas de las personas no van a aceptar ser entrevistadas. Esto suele suceder porque están heridas, frustradas y hasta enojadas con la iglesia; o sencillamente no confían lo suficiente en las personas que les quieren entrevistar, para contarles cómo se sienten. Por otro lado, habrá personas que respondan positivamente a estas entrevistas. Por ejemplo, una mujer fue entrevistada y dijo: "Me alegra que se hayan acordado de mí". Un joven dijo: "Gracias por haber venido. Esto me dice que en verdad la iglesia se acuerda de mí."

Un recurso literario para este trabajo es el libro Exit interviews que devela historias de por qué la gente se va de la iglesia[60], con

---

[59] Dennis Mahaney, Parish Life, Diocese of Buffalo, bajo A Parish Exit Interview, http://www.parishvitality.net/exit–interview.html. Consultado el 14 de Enero, 2016.

[60] William D. Hendricks, *Exit Interviews: Revealing stories of why People are Leaving the Church*, (Chicago, IL: Moody Press, 1993).

preguntas semejantes a las que ya hemos incluido en este libro. De la misma forma que los autores trabajan las entrevistas con las personas que se han ido, pastores, líderes y trabajadores pueden desarrollar su estrategia con los miembros de su iglesia que deseen alcanzar.

II. Estudio de casos

También es importante analizar casos de personas que se han ido; pues según Myers, éstos ayudan holísticamente sobre la práctica del ministerio en particular con personas, grupos, programas, instituciones o sistemas.[61] El estudio de casos es importante porque la investigación se centra en un individuo en particular y se puede analizar detenidamente la situación particular de la persona que se ha ido. A diferencia de la entrevista, donde la persona puede no decir toda la verdad, el estudio de casos nos permite analizar todas las áreas, incluyendo aquellas que el individuo no mencionó; cosas que quizás causaron su partida, pero que no fueron responsabilidad de la iglesia sino del individuo en sí. Volvamos a examinar un caso:

Francisco[62] llegó a la iglesia cuando se encontraba atravesando una situación muy desesperante, ya que su hermana estaba muy enferma —le habían diagnosticado cáncer. Francisco fue invitado por un pastor familiar de su esposa a visitar la iglesia y así poder recibir ayuda en su problema, así que tomó a su familia y se acercó y de esa manera entró a formar parte de las filas del cristianismo. Rápidamente Francisco ascendió en el liderazgo de la iglesia, abriendo de inmediato las puertas de su casa para que un grupo pequeño comenzara. Esto dio paso a que una iglesia se estableciera en la localidad. Así que este hombre fue una piedra angular en

---

[61] William R. Myers, *Research in Ministry: A Primer for the Doctor of Ministry Program*, (Exploration Press: Chicago IL.), 3.

[62] Los nombres de todas las personas han sido cambiados para mantener la privacidad de los involucrados.

la nueva iglesia que se establecía y esto lo llevó a formar parte del liderazgo. Tiempo después, él fue ordenado al ministerio. Sin embargo, un día Francisco tomó la decisión de abandonar la iglesia por la cual había trabajado tanto.

Francisco había estado en la iglesia por cerca de veinte años. Había servido en muchas posiciones del liderazgo, desde Maestro de Escuela Dominical hasta Asistente de Pastor. Su esposa Francisca también había servido muchos años en el liderazgo, como presidente de las damas; además había servido varios años como administradora de la iglesia, y lo había hecho muy bien. Sin embargo, después de la muerte de los padres de Francisca, ellos comenzaron poco a poco a dejar de congregarse. El Pastor y su esposa se reunían con ellos periódicamente para estimularlos a asistir y para saber si había algo que estaba pasando, pero ellos decían que todo estaba bien y solamente decían que estaban muy ocupados. Se sabía que algo no estaba bien en ellos, sin embargo, nunca dijeron qué era lo que realmente sucedía. Finalmente, un día pararon definitivamente de asistir a la iglesia y después de unos cuatro meses de no asistir, fueron citados nuevamente a una reunión para hablar sobre su ausencia; pero solo asistió él. Las palabras de Francisco fueron que ella no había querido asistir a la reunión. Al comenzar a dialogar sobre lo que estaba pasando, él dio algunas excusas del porqué no asistían a la iglesia, entre las cuales había un desacuerdo con el Pastor por un asunto menor en la administración de la iglesia. Se discutió el asunto y al fin, después de aclarar las cosas, él se convenció de que su esposa estaba en un error. Él prometió asistir el siguiente domingo, pero ese domingo nunca llegó.

Casos como el de Francisco, suceden todos los días en las iglesias. Personas que se convierten, sirven muy bien al Señor y a la iglesia, pero después suceden cosas en sus vidas con las que no pueden lidiar y terminan dejando la iglesia. Cuando analizamos el caso de Francisco y su esposa, podemos ver que no hay una causa fuerte o justificación para que ellos dejen la iglesia. De hecho, en una reunión formal del Pastor con Francisco, éste último reconoció que no había realmente un porqué ellos dejaran de asistir a la iglesia. Pero lo que la iglesia percibió fue lo contrario; y es obvio que hubo alguna razón para que la esposa de Francisco y él mismo no comunicaran sobre el porqué dejaron de ir a las reuniones. En varias entrevistas, Francisco mostró desacuerdos con la administración de la iglesia, es decir con la forma en que se manejaban algunas cosas. Un problema que Francisco y su familia tenían es que no eran sociables. Por lo general, ellos no convivían con el resto de la iglesia; y cuando había convivios o eventos sociales, ellos participaban muy poco.

Concluimos entonces que Francisco se alejó de la iglesia, no porque tuviese un problema mayor que lo echara fuera, o porque tuviera algún problema con algún otro miembro. Él tampoco mostró señales de confusión doctrinal o desacuerdo con la organización. No hubo señales de su parte en ese sentido. Lo que a Francisco le pasó, fue que después de la muerte de los padres de Francisca se alejaron mucho tiempo de la iglesia, y en ese lapso ellos se debilitaron en la fe, se enfriaron espiritualmente y después les costó mucho trabajo reintegrarse. Es obvio que cuando una persona se debilita en la fe, tiende a mirar negativamente las cosas y le cuesta volver servir a Dios.

III. Encuestas

También se deben realizar encuestas a personas que se han ido de la iglesia local para poder conocer mejor por qué se fueron. Las encuestas son el mejor instrumento de consulta, ya que proveen información importante para conocer lo que uno desea sobre un asunto específico. Estas encuestas deben ser llevadas a cabo por un equipo neutral, de preferencia integrado por personas que no sean líderes de la iglesia. La encuesta también debe ser privada y anónima, es decir que el participante que la recibe —por correo o en persona— la responde sin escribir su nombre.

1. Ejemplo de una encuesta.

¿Por qué me fui de la Iglesia?

Anónimo

Género: M – F

Edad: _____

Por favor conteste el siguiente cuestionario marcando con un circulo donde corresponda. Donde no aplique marque bajo N/A y cuando no desee contestar, marque bajo otro.

1. ¿Cómo fue su partida Si, No, N/A, Otro
a. Poco a poco
b. Repentina

2. ¿Cómo estaba su compromiso?. Si, No, N/A, Otro
a. Nunca me sentí muy comprometido con la iglesia.
b. Fue muy fácil entrar y salir ya que mi iglesia no exigía un compromiso fuerte.
c. Mis motivaciones mayores para ir a la iglesia no eran religiosas.
d. Uno no necesita ir a la iglesia para ser cristiano.

3. ¿Cómo estaba su fe?. . Si, No, N/A, Otro
a. Perdí mi fe.
b. Cuestioné mi fe.
c. Dudé de mi fe.
d. Sentí que Dios me defraudó.

4. ¿Por qué iba a la Iglesia?. . Si, No, N/A, Otro

a. Iba a la Iglesia, pero era hipócrita.
b. Estaba yendo a la iglesia por las razones equivocadas.
c. Estaba cansado de que se me dijera cómo debo comportarme en la iglesia.
d. Sentí presión para unirme a la iglesia antes de que estuviera listo.

5. ¿Cómo estaba su crecimiento personal?. . Si, No, N/A, Otro
a. La iglesia no me estaba ayudando a crecer.
b. Me sentí espiritualmente sin profundidad.
e. Las enseñanzas de la iglesia me parecían simples.

6. ¿Tuvo cambios en su vida?. . Si, No, N/A, Otro
a. Me moví de la ciudad y no encontré una iglesia.
b. Me fui a estudiar y me desconecté de la Iglesia.
c. Me divorcié y eso me afectó.
d. Me casé y eso me afectó.
e. Tenía que trabajar los domingos.
f. Adopté el hábito de no ir a la iglesia.

7. ¿Cómo influyeron sus padres en su decisión? . Si, No, N/A, Otro
a. Mis padres siempre me presionaban para ir a la iglesia.
b. Mis padres no iban, ¿por qué debería ir yo?
c. Mis padres no me apoyaban para estar activo en la iglesia.

8. ¿Qué concepto tenia de las finanzas de la Iglesia? Si, No, N/A, Otro
a. La iglesia no suplía mis necesidades.
b. La iglesia hacía demasiadas demandas de dinero.
c. La iglesia no daba reportes financieros.

9. ¿Cómo se sentía usted en la Iglesia? . . Si, No, N/A, Otro
a. Nunca me sentí parte de la iglesia.
b. Había muchos grupos en la iglesia de los cuales era excluido(a).
c. No había suficiente gente de mi edad.
d. Sentí que la iglesia estaba fuera de moda.

10. ¿Cómo miraba usted la alabanza? . . Si, No, N/A, Otro
a. No me gustaba el estilo de alabanza.
b. Sentía que la alabanza era muy mecánica.
c. Sentía que había muy poca presencia de Dios en la alabanza.

11. ¿Cómo se sentía con el cuidado pastoral? Si, No, N/A, Otro
a. Me sentí abandonado(a) cuando necesitaba apoyo.
b. El liderazgo no proveyó suficiente cuidado para mí.
c. Los miembros de la Iglesia no se preocupaban por la gente.

12. ¿Cómo miraba usted la enseñanza? . . Si, No, N/A, Otro
a. Estaba en desacuerdo con la doctrina.
b. Estaba en desacuerdo con la postura de la iglesia en asuntos morales claves.
c. La iglesia era muy liberal.
d. La iglesia era muy conservadora.

13. ¿En que áreas le falló la iglesia?. . Si, No, N/A, Otro
a. La iglesia falló en conectarse con mi vida.
b. Los sermones eran irrelevantes a mis necesidades.
c. Los cultos eran aburridos.
d. La iglesia parecía estar desconectada de la realidad.

14. ¿Cómo miraba a la iglesia en relación al cambio? Si, No, N/A, Otro
a. No me gustaba el rumbo en que la iglesia estaba yendo.

b. No me gustaban los cambios que estaban pasando en la iglesia.
c. No me gustaban los himnos nuevos.
d. No me gustaban los himnos viejos.
e. La iglesia quería seguir con la tradición.
f. La iglesia quería ser mas liberal.

15. ¿Regresaría usted a la iglesia? . Si, No, N/A, Otro
a. Si su respuesta es sí, ¿cuál sería una de las cosas que lo harían volver?
b. Si su respuesta es no, ¿cuál sería la causa más fuerte, del por qué no?

16. ¿Qué le gustaría decirle a la Iglesia o al pastor?

2. Encuesta electrónica.

También se pueden realizar encuestas electrónicas, que por lo general tienen mayor impacto y efectividad, pues se realizan mediante un dispositivo electrónico, desde la comodidad del hogar y según la conveniencia de tiempo de la persona. Las encuestas electrónicas no requieren ver la cara a nadie; la persona puede contestar anónimamente y con libertad. Los programas para realizar encuestas se pueden encontrar en Internet; algunos son gratis y ofrecen cosas básicas para ese fin.

La principal ventaja de que las encuestas se hagan mediante un sistema electrónico anónimo es que las personas tienen la libertad de responder con sinceridad lo que se les pregunta. No obstante, se debe tener cuidado con la forma en que las preguntas son planteadas.

IV. Evalúe los resultados

De acuerdo a Tim Sensing "la evaluación es la colección sistemática, análisis e interpretación de información acerca de actividades, características y resultados de programas actuales; de modo que se pueda juzgar ciertos aspectos del programa, mejorar la efectividad y hacer decisiones futuras".[63] Por lo tanto, la estrategia que se implemente deberá ser evaluada en un periodo mínimo de seis meses a un año para indagar si la intervención tuvo éxito o cuáles fueron los resultados de la misma. Para dicha evaluación se debe utilizar un equipo de colaboradores y consultores locales, para poder tener una opinión más amplia de los resultados. Dichos colaboradores y consultores deben trabajar mano a mano con el Pastor de la iglesia en el proceso de la recolección de la información de las encuestas, entrevistas y demás material pertinente al proyecto. La evaluación se debe hacer por medio del análisis de las encuestas realizadas y la discusión de las entrevistas hechas a las personas que se han ido de la iglesia. Además, el proyecto debe ser evaluado mediante la discusión informada de los colaboradores, sobre los estudios presentados por el Pastor y los delegados para trabajar en el proyecto. Uno de los instrumentos debe ser el estudio de casos, ya que como dice Sensing, estas "son herramientas que presentan historias y dilemas de gente real."[64] Los casos presentados en este libro son de gente real y las entrevistas y encuestas se han de hacer a gente que realmente se ha ido. Pero también se ha de evaluar el proceso de entrada de los futuros prospectos y la forma en que se integran a la iglesia. Además, la evaluación también incluirá el análisis de las enseñanzas dadas a la iglesia, para crear conciencia del problema. Para ello, se debe observar si ha habido un impacto del mismo en la membresía o en las personas que se van agregando a la iglesia.

Para objeto de este libro se estudió una iglesia en el área de Miami y la intervención se puso en marcha siguiendo el protocolo

---

[63] Tim Sensing, *Qualitative Research: A Multi–Methods Approach to Projects for Doctor of Ministry Theses,* (Eugene, OR: Wipf and Stock, 2011), 70.
[64] Tim Sensing, 141.

mencionado en este capítulo. Esta intervención necesita de seis meses a un año para que se puedan ver los frutos. Los datos presentados a continuación son el resultado de una investigación y trabajo de seis meses solamente, los cuales dieron los resultados que se expresan abajo.

El primer paso, el cual constituye entrevistas, encuestas y estudio de casos se llevó a cabo conforme a lo planeado. La iglesia de estudio mostró las siguientes tendencias en la cuestión del porqué se fueron las personas.

1. Enfriamiento de las personas. Las personas se fueron alejando poco a poco de la iglesia hasta el punto de ya no sentir deseos de asistir.

2. Fracaso moral. Las personas tuvieron un fracaso moral en su vida cristiana y no lo pudieron superar. Este fracaso les produjo desánimo, vergüenza y enojo consigo mismas, por lo que prefirieron alejarse.

3. El mal testimonio de los padres y miembros de la iglesia.

4. No soportaron las luchas y pruebas. Otro de los elementos que causó el alejamiento de estas personas fue el hecho de no poder soportar las pruebas y los conflictos con sus cónyuges, así como otras situaciones de la vida.

5. Desviaciones doctrinales. Estas personas se desviaron de la fe y de la doctrina que habían recibido.

6. Inconformidad con la organización, la disciplina y el ministerio. Estas personas se fueron de la iglesia porque estaban inconformes con el sistema disciplinario de la

organización y en algunos casos con el ministerio local, el cual incluía al Pastor de la iglesia.

El proceso ha sido satisfactorio ya que ahora se conocen las causas por las cuales la gente se ha ido de la iglesia de estudio. En segundo lugar, ha habido un impacto positivo en las personas encuestadas, ya que varios de ellos se alegraron de que la iglesia los contactara para hacerles la encuesta o entrevista. Gracias a esta sola acción, seis familias regresaron a la iglesia. También cabe la pena mencionar, que varias de las personas encuestadas dijeron que nunca regresarían a la iglesia y otras no quisieron dar la entrevista.

Además de lo anterior, se analizaron los casos de todas aquellas personas que se bautizaron en los últimos diez años y aquellos que recibieron instrucciones para el bautismo mostraron estar mejor preparados para enfrentar las situaciones de la vida y mostraron estar más fuertes en contra de los vientos de doctrinas diferentes. Lo que esto significa es que cuando una persona se prepara para este evento, tiene más probabilidades de sobrevivir y permanecer en la iglesia. Curiosamente, en la iglesia donde se llevó a cabo este estudio, las personas se fueron no debido a un problema con la iglesia o el ministerio, sino más bien por cosas tales como el enfriamiento o el no poder lidiar con una dificultad en sus vidas.

V. Conclusión

Concluimos esta sección mencionando que cualquiera de las herramientas aquí mencionadas que se utilice, para conocer las causas específicas por las cuales la gente se está yendo de su iglesia, será de bendición; y Dios recompensará a los líderes que no se quedaron con los brazos cruzados. En otras palabras, todo esfuerzo, por mínimo que sea, ayudará a que las almas por las que Cristo murió sean rescatadas.

CAPÍTULO 6

La Conversión

El segundo elemento en el cual se debe trabajar para frenar la deserción es la conversión. Hemos dicho antes que la persona que va a entrar a la membresía de la iglesia debe haber tenido una conversión genuina. Para este particular es necesario analizar cómo es que está entrando la gente a la iglesia. ¿Se le exige algo, o no? Sabemos que, si la entrada es fácil, también la salida lo será. Por lo tanto, cuando vamos a bautizar a alguien nos debemos preguntar si el candidato sabe qué significa bautizarse y cuáles son los requisitos para entrar a la iglesia. ¿Sabe la responsabilidad que conlleva el ser cristiano? ¿Sabe lo que significa servir a Dios? Este estudio revela que la gente se va porque pierde el compromiso, la fe y los valores; o se desvía con otras doctrinas. Por lo tanto, la iglesia debe trabajar con enseñanzas y clases para reforzar el proceso de incorporación de las personas, el cual incluye la evangelización, la conversión y la relación con Dios.

1. La evangelización

Debemos comenzar con una evangelización más efectiva de los nuevos prospectos. Todo comienza desde el momento en que la persona recibe la invitación a asistir a la iglesia. La persona debe ser evangelizada de una forma que no se plantee falsas esperanzas o expectativas acerca de la iglesia. Hay quienes presentan un evangelio fabuloso y cuando la persona pasa por tribulaciones se desilusiona del evangelio. Uno de los problemas que está pasando hoy en día con el famoso evangelio de la prosperidad, es que muchas personas que no reciben las promesas que les hacen se desilusionan de la fe y después ya no quieren asistir a ninguna iglesia. La otra cosa es que la iglesia debe tener un programa que traiga a la gente a los pies de Cristo; uno en el que se les predique un evangelio real y el cual supla sus necesidades espirituales, primeramente. Muchas iglesias trabajan con un programa de células para ganar a los perdidos para Cristo, pero esta no es la única vía de entrada. Hay otras formas de traer gente a la iglesia. Sin embargo, se debe reconocer que para lograr esto la iglesia debe de ser misional. Según Eddie Gibbs, la iglesia en su rol de capellanía ha sido absorbida por las culturas tradicionales y para ser una iglesia misional, debe entender que la misión de Dios llama y envía a la iglesia para que sea misionera dentro de esa sociedad y en esas culturas que la han envuelto.[65]

Entonces, debemos comenzar proclamando el Evangelio más efectivamente. Orlando Costas dice que la proclamación o anuncio del Evangelio es una tarea fundamental de la iglesia. Pero la proclamación de Jesús se caracteriza no solo por la afirmación del nombre de Dios y la referencia a su reino, sino también por el llamado a una decisión. Ésta representa el momento de la gracia de Dios, una gracia que lleva a una conversión, la cual es una invitación y una exigencia a la vez. Además, dice el autor, hay que arrepentirse, cambiar de actitud, abandonar el viejo orden de vida, aceptar una nueva visión de la realidad y adoptar un nuevo

[65] Eddie Gibbs, *La Iglesia del futuro,* (Buenos Aires Argentina: Editorial Peniel, 2005), 56–57.

estilo de vida.[66] Es precisamente en esa dimensión que debemos evangelizar; con la idea de que los nuevos prospectos encuentren verdaderamente al Señor y caigan a sus pies arrepentidos. Solo un arrepentimiento verdadero producirá cambios verdaderos.

II. La conversión

El segundo elemento en el proceso de entrada tiene que ver con la conversión verdadera del creyente. Se debe considerar que, si una persona está bien convertida, será difícil que abandone al Señor. Analicemos los siguientes ejemplos bíblicos.

1. La historia de Zaqueo.

La historia de la conversión de Zaqueo es muy apasionante, ya que él era un judío rico, jefe de los publicanos o recaudadores de impuestos para Roma en la ciudad de Jericó (Lucas 19:1–10). Individuos como él eran objeto de odio y rechazo por servir a los romanos y por aprovechar su posición para hacerse ricos a costa de sus conciudadanos. La gente no lo quería; lo odiaba por lo que él era. Este hombre no podía salir a la calle sin que la gente lo criticara o se burlara de él por la clase de persona que era. Zaqueo era un individuo despreciable que necesitaba a Jesús. Quizás por eso salió a encontrarse con él. El interés de Zaqueo en Jesús indica su necesidad espiritual. Él necesitaba un cambio en su vida. El pasaje bíblico de Lucas nos habla de la gran necesidad de este hombre de un cambio en su vida. Al darse cuenta que venía Jesús y que pasaría por allí, Zaqueo se subió a un árbol sicomoro para poder verle; y para su sorpresa, Jesús le dice que quiere posar en su casa esa noche. Esa misma noche las palabras de Jesús penetraron a lo más profundo del corazón de Zaqueo, quien arrepentido dijo a Jesús que daría la mitad de sus bienes a los pobres y devolvería

---

[66] Orlando Costas, *Compromiso y Misión,* (San José, Costa Rica: Editorial Caribe, 1979), 29–41.

cuatro veces más a todos aquellos a los que hubiera defraudado (Lucas 19:8). Esa noche Zaqueo fue transformado en una nueva criatura, en una nueva persona gracias a su arrepentimiento y a la buena intervención de Jesús. Jesús confirma estas palabras cuando dice que la salvación ha llegado a esa casa, ya que Zaqueo también era descendiente de Abraham (Lucas 19:9). El resumen de la historia es que Zaqueo fue conmovido por la atención que el Salvador le mostró; se convirtió y la sinceridad de su cambio se manifestó cuando declaró su intención de hacer restitución.

2. La Historia del apóstol Pablo.

Una de las historias más impactantes de conversión sin lugar a dudas es la del apóstol Pablo, quien se convirtió a Cristo de una manera espectacular. Pablo había perseguido a la Iglesia de Cristo pensando que hacía un bien para Dios y para su nación judía; sin embargo, en uno de sus viajes de persecución se encontró con Cristo mismo y fue dejado ciego al ver un gran resplandor de luz, tan fuerte que lo tiró a tierra mientras oía una voz que le decía: "Saulo, Saulo [así se llamaba Pablo antes de su conversión], ¿por qué me persigues?" Pablo a su vez preguntó: "¿Quién eres, Señor?" Y Jesús le respondió: "Yo soy Jesús, a quien tú persigues." (Hechos 9:1–22). Eso fue suficiente para que este hombre se arrepintiera de lo que andaba haciendo y le diera por completo su vida a Cristo. De allí en adelante, se observa a Pablo predicando la palabra de Dios y el Evangelio de Cristo.

Estos dos casos ilustran de una manera breve cuando alguien llega a los pies de Cristo por una necesidad espiritual, como el caso de Zaqueo, o por una situación de error, como el caso de Pablo. Ambos hombres tuvieron un encuentro con Jesús el cual cambió sus vidas. Es precisamente basándonos en estos modelos bíblicos que podemos establecer que, para que una persona tenga éxito en su vida cristiana, debe pasar por una conversión genuina y un encuentro personal con Jesucristo. En esta sección analizaremos las dos cosas.

3. Definiendo la conversión.

Antes de profundizar en esto conviene que definamos lo que significa la conversión. Desde el momento en que una persona recibe a Cristo en el corazón y decide seguirlo, algo sucede en su vida. Hay algo especial que le hace dejar el pecado, cambiar de estilo de vida y entregarse a Jesús. A esto se le llama conversión. Cuando estudiamos el significado de la palabra "conversión" en el texto hebreo nos damos cuenta del impacto que ésta tiene, ya que la palabra hebrea *shub*, significa volverse, retirarse, recapacitar, rechazar[67] y encontramos esta palabra siendo usada cuando Dios exhorta a Israel a regresar a Él después de haberse apartado de sus caminos (Deuteronomio 30:2). Pero convertirse no es sólo regresar a Dios, sino también apartarse del pecado. Esto lo encontramos explícito en el libro de los Hechos de los Apóstoles, cuando Pedro recalca a los que le oyen que Jesús ha venido para bendecirnos y para que cada uno se convierta de su maldad (Hechos 3:26). Aquí, el término griego que se utiliza es *apostréfo*, que significa alejarse o retroceder[68]. Por lo tanto, podemos entender que la expresión "convertirse a Dios" se refiere a volverse a Dios, o regresar a él cuando alguien se ha apartado; y la expresión "convertirse de la maldad" o convertirse del pecado, significa alejarse de éste. Es por eso que es fundamental que todo aquel que quiere servir a Dios se convierta de todo corazón, acercándose a Dios y alejándose del pecado.

---

[67] James Strong, *Nueva Concordancia Strong Exhaustiva,* (Nashville, TN — Miami, FL: Editorial Caribe, 2002).

[68] William E. Vine, *Diccionario Expositivo de las Palabras del Nuevo Testamento,* (Terrassa, Barcelona: Editorial CLIE, 1984).

Orlando Costas señala que la conversión es tanto un momento distintivo como un proceso continuo. Distintivo se refiere a que hay un cambio o viraje categórico, particular, específico, evidente; un "volverse" en el camino, un cambio mental y la adopción de otra perspectiva. Estos elementos además van frecuentemente acompañados de lamento o pena. Proceso continuo se refiere a la necesidad de que el cristiano esté siempre convirtiéndose[69] y es precisamente la conversión continua lo que mantendrá a un cristiano en el camino, pues no sólo se convirtió al venir a Cristo, sino que continúa haciéndolo. Mortimer Arias ahonda en el tema diciendo que la conversión es el cambio de modos de pensar de individuos y grupos, y de perspectivas sobre la realidad y acción[70]. Concluimos este segmento diciendo que la conversión es necesaria para estar cerca de Dios, y que es esencial que el nuevo creyente la experimente en su vida propia.

4. Algunas consideraciones sobre la conversión.

La conversión involucra algo más que regresar a Dios y alejarse del pecado; incluye también el adaptarse al sistema de Dios, desconocido para la mayoría de los nuevos creyentes. El apóstol San Pablo exhorta a los efesios a despojarse del viejo hombre, el cual está viciado conforme a los deseos engañosos de la carne; y les pide que se renueven mentalmente, que se santifiquen y que se vistan del nuevo hombre creado según Dios (Efesios 4:22–24). En esta porción bíblica, el Apóstol explica con mucha claridad el concepto de la nueva vida, utilizando el término griego *apotídsemi*, que quiere decir poner lejos, separar, alejar[71]. En otras palabras,

---

[69] Orlando Costas, *Compromiso y Misión,* (San José, Costa Rica: Editorial Caribe, 1979), 29–41.

[70] Mortimer Arias, *Salvación es liberación,* (Buenos Aires, Argentina: Editorial La Aurora, 1973), 78–80.

[71] William E. Vine, *Diccionario expositivo de las palabras del Nuevo Testamento,* (Terrassa, Barcelona: Editorial CLIE, 1984).

aquel que se ha acercado a Dios, debe ser consciente de que ahora es un servidor de Él y que debe poner lejos de sí todo aquello que no agrada a Dios. Debe dejar atrás aquellas cosas que antes hacía, debe despojarse del viejo hombre, de las viejas costumbres y de todo lo relacionado con su vida antigua, desagradable a Dios. Los nuevos creyentes deben saber que una vez que se bautizan y comienzan a servir a Dios, caminan en una nueva vida.

El convertirse a Cristo involucra una verdadera transformación personal. El término transformación nos habla de una característica muy importante e interesante del convertido. Pablo aconseja a los romanos a no conformarse a este siglo, sino a ser transformados por medio de la renovación del entendimiento (Romanos 12:2). La palabra transformación aquí empleada constituye un concepto fascinante. La misma proviene del original griego *metamorfóo*, que significa transformar, transfigurar. *Metamorfóo* se compone de las palabras griegas *meta* —cambio— y *morfóo* —forma—[72]. Ser transformados por Dios es entonces convertirse en criaturas totalmente nuevas, es pasar de ser personas pecadoras y malas a personas buenas y santas. Sólo Dios puede operar semejante transformación en cada uno de nosotros.

5. La conversión y el cambio en el individuo.

Cuando hay una conversión genuina a Cristo, entonces se produce una regeneración en el individuo y por ende un cambio total. De acuerdo al teólogo Luis Berkhof, la regeneración consiste en "la implantación del principio de la nueva vida espiritual en el hombre; un cambio radical de la disposición regente del alma la cual, bajo la influencia del Espíritu Santo, da nacimiento a una vida que se mueve en dirección hacia Dios."[73] Entonces,

---

[72] Ibíd.

[73] Luis Berkhof, *Teología Sistemática: Soteriología,* (Jenison, MI: W.B. Eerdmans Publishing Co., 1995), 559.

este es un cambio completo en el hombre, que implanta una nueva vida, la cual a su vez es movida por el Espíritu de Dios hacia lo bueno. Berkhof agrega que el cambio en la vida del ser humano se manifiesta en tres áreas específicas. Él dice: "Es un cambio instantáneo en la naturaleza del hombre que afecta al momento al hombre completo en su intelecto, en su voluntad y en sus sentimientos y emociones"[74]. A continuación, explicamos detalladamente lo que esto significa.

a. El Intelecto. El intelecto es esa parte del ser humano que le da la capacidad de poder entender las cosas. Eso es precisamente lo que sucede a una persona cuando Dios obra en ella y la transforma. Pablo dice a los corintios que el hombre común no puede entender las cosas del Espíritu de Dios por que le son locura; pero el espiritual sí tiene esa capacidad (1ª Corintios 2:14–15). Una vez que hemos sido regenerados, nuestros pensamientos cambian radicalmente y nuestra capacidad para entender todo, aumenta de una manera maravillosa. Un ejemplo de una persona no regenerada es el de Nicodemo (Juan 3:1–15), quien no pudo entender la enseñanza del nuevo nacimiento que Jesús le estaba presentando. En el verso 10 específicamente, Jesús le dice: "*... ¿Eres tú maestro de Israel, y no sabes esto?*" En contraste a Nicodemo, Pablo le dice a los corintios que "*...Hablamos sabiduría entre los que han alcanzado madurez y sabiduría, no de este siglo...*" (1ª Corintios 2:6).

b. Voluntad. El otro elemento que se transforma dentro del ser humano es la voluntad. Entiéndase por voluntad esa capacidad que tiene el ser humano para decidir y tomar acción ante cualquier cosa. Cuando una persona es transformada ahora es

[74] Berkhof, *Teología Sistemática: Soteriología*, 559.

Dios el que produce el deseo, el querer y el hacer, pues esa voluntad viene de Dios (Filipenses 2:13). El hombre regenerado ahora es fácil de manejar porque ha cedido su voluntad al Creador. Por otro lado, ahora es más fácil asimilar cualquier cosa negativa que nos suceda, porque hemos aprendido a aceptar la voluntad de Dios tal y como Cristo lo hizo cuando iba a ser entregado y como humano sintió lo fuerte de lo que iba a pasar: *"Mas hágase tu voluntad, como en el cielo así también en la tierra."* (Mateo 6:10).

c. Sentimientos y emociones. El último efecto de la regeneración se manifiesta en nuestros sentimientos y emociones. Algo extraordinario sucede en la persona que llegó a los pies de Cristo con odio, amargura, resentimiento y cualquier asunto interno que tiene que ver con los sentimientos y emociones. Dios le ha liberado y ha sacado esos sentimientos, poniendo sentimientos buenos por medio de Su Espíritu Santo; sentimientos tales como: *"…amor, gozo, paz, paciencia…"* (Gálatas 5:22).

Concluimos este punto enfatizando que, si una persona se ha entregado a Cristo, se ha arrepentido de sus pecados y ha sido regenerada, entonces tiene que haber un cambio total en su vida. Esto es precisamente lo que se debe trabajar en todos aquellos que entran a la iglesia. Una persona que verdaderamente cambia, será muy difícil que abandone la carrera.

6. Los efectos de una vida regenerada.

El otro aspecto de la conversión tiene que ver con los efectos que eso tiene en la vida diaria del individuo. Una persona regenerada ha de mostrar por medio de su manera de vivir que algo ha sucedido verdaderamente en él, como detallamos a continuación.

a. Los convertidos dejaron las cosas viejas. La conversión provoca el abandono de las cosas viejas. Todo lo que antes considerábamos como bueno en la carne, ahora no se puede considerar así. Todo aquello que satisfacía a nuestros ojos, ahora no se puede considerar como satisfactorio. El texto bíblico que más peso tiene para hablar sobre esto es Efesios 4:22 pues allí dice lo siguiente: *"En cuanto a la pasada manera de vivir, despojaos del viejo hombre que está viciado conforme a los deseos engañosos…"* Por lo tanto, también enfatizamos que "el viejo hombre quiere las cosas viejas, pero el nuevo hombre quiere las cosas nuevas; y, como en cualquier orden, ganará el que esté más fuerte de los dos". Una persona convertida tiene que dejar las cosas viejas; esto es, las prácticas pecaminosas. Si antes era un borracho, ahora ya no lo es; si antes era drogadicto, ahora ya no lo es; si antes era un mentiroso, ahora habla verdad en Cristo. Otro texto muy hermoso que se acostumbra a leer a los nuevos cristianos antes de bautizarles es Romanos 6. Entonces se les dice que ya no deberán vivir en el pecado, pues serán bautizados en Cristo Jesús para muerte. ¿Esto qué significa? Que la persona morirá para el mundo y el pecado. Pero también se les dice que ahora crucificarán su carne con sus pasiones y deseos, y después resucitarán a una nueva vida en Cristo (Romanos 6:1–10).

b. Los convertidos son diferentes. Los cristianos deben entender que ahora son diferentes al mundo y por lo tanto deben marcar la diferencia. Eso fue precisamente lo que Pablo dijo a los efesios: que no fueran como los gentiles que no conocen al Señor (Efesios 4:17). En este pasaje claramente se enfatiza la separación entre el mundo y la Iglesia, entre los que han conocido la verdad y los que todavía no. El nuevo creyente debe tener siempre presente que ser cristiano equivale a ser diferente de aquellos que no lo son. Por tanto, la vida del cristiano ha de ser diferente a la que vivió antes de conocer a Cristo.

III. La experiencia de una relación personal con Dios

En último lugar, debemos considerar que para que una persona permanezca en las filas del cristianismo y sirviendo a Dios con todo su corazón, debe tener una relación personal con el Señor. Todo lo que uno hace para Dios y para los demás se fundamenta en esta sola oración: "Una relación personal con Dios". Analicemos algunos ejemplos. Cuando la relación con Dios es fuerte, no hay nada que la pueda romper y mucho menos quien saque a esa persona de la iglesia. Pero si la relación es débil, entonces cualquier cosa le pondrá afuera.

1. El ejemplo de los primeros discípulos de Jesús.

El apóstol Pedro y el apóstol Juan fueron la piedra angular del principio de la iglesia; hombres principales del movimiento de Jesús. A ellos se les ve haciendo grandes cosas, como el milagro del paralítico del templo que se sentaba a la puerta llamada "La hermosa" (Hechos 3:1). Pero también aparecen juntos enfrentando a las autoridades, sin miedo (Hechos 4:19). Aquí podemos ver algo muy interesante. Primeramente, la entrega a la obra de Dios de estos hombres; y segundo, cómo fue que ellos llegaron hasta allí. Cuando estudiamos los comienzos de Pedro y Juan, los vemos siendo llamados juntamente con sus hermanos por Jesús, mientras echaban la red en el mar —pues eran pescadores. Fue entonces que Jesús los llamó con las palabras más poderosas que alguien puede recibir de parte de él: *"Venid en pos de mí, y os haré pescadores de hombres"*. Dichas palabras fueron suficientes para que ellos dejaran las redes y siguieran a Jesús (Mateo 4:18–22). Ellos tuvieron experiencias tremendas con Jesús, y una de las más poderosas fue ver a Jesús en su gloria, al transfigurarse delante de ellos en un monte (Mateo 17:1). Ellos fueron transformados por esta y otras experiencias que tuvieron con Jesús. Observemos su transformación en el siguiente texto: *"Entonces viendo el denuedo de Pedro y de Juan, y sabiendo que eran hombres sin letras y del vulgo, se maravillaban; y les reconocían que habían estado con Jesús"* (Hechos 4:13).

Aquí podemos ver algo extraordinario: el antes y después de Pedro y Juan. El antes es que ellos eran gente sin letras y del vulgo; el después, que se convirtieron en unos eruditos que hablaban la palabra de Dios con denuedo. La palabra "denuedo" viene del griego "parresia" y significa libertad del habla, hablar sin reservas o trabas, hablar valerosamente. ¿Qué fue lo que sucedió? Habían tenido una experiencia con Jesús. Ninguna persona que esté con Jesús de Nazareth puede ser la misma después. Ellos fueron cambiados a semejante grado por la experiencia que tuvieron con Jesús. Jesús dijo que para que una persona pudiera dar frutos debería permanecer unida a él, pues separada de él no se puede hacer nada (Juan 15:1–5). Así mismo es para todo aquel que quiera permanecer en la Iglesia: debe permanecer "pegado" a Cristo. A esto nos referimos cuando hablamos de relación con Dios.

De la misma manera en que Pedro y Juan y el resto de los Apóstoles —quienes fueron capaces no sólo de seguir a Cristo y darlo todo por él sino también ofrendar sus propias vidas por su causa— el creyente debe tener una relación tan fuerte con Jesús que estará dispuesto a dar su vida por Él. Esta es la relación personal con Dios que mantiene al creyente conectado a su iglesia.

IV. Conclusión

Como hemos visto en este capítulo, las personas que experimentan una conversión genuina tendrán mas posibilidades de permanecer en la iglesia; pues si una persona ama verdaderamente al Señor, ha experimentado una conversión genuina y vive una relación íntima con Dios, no habrá nada que lo arranque de los caminos del Señor. Sólo piense por un momento que los Apóstoles de Cristo estuvieron dispuestos a ofrendar su propia vida por Cristo. La razón de esto es sencilla: ellos amaron al Señor por encima de cualquier cosa y estuvieron dispuestos a morir antes que abandonarlo. De la misma manera, el creyente que ama a Cristo con todo su corazón, podrá soportar cualquier cosa antes que dejar de servirle.

CAPÍTULO 7

El Discipulado

El discipulado es el otro elemento indispensable para lograr que las personas permanezcan en la iglesia sirviendo a Dios; y sean verdaderos discípulos de Cristo. Orlando Costas dice que seguir a Jesús significa entrar a una formación práctica que abarca la forma total de vida de cada uno. En esta instancia, el discípulo tiene que entrar en una relación personal y no debería esperar nada a cambio, pues ello exige un compromiso absoluto y el discipulado de Jesús es permanente, de por vida.[75] Es precisamente esta manera de ver las cosas la que se debe adoptar en relación a la preparación de aquellos que quieren seguir a Jesús. Deben pasar por la escuela del Maestro, pues Dios se especializa en formar hombres y mujeres, especialmente aquellos a los que va a usar. En este capítulo exploraremos el significado y la importancia del discipulado, así como algunas ideas para poder desarrollar de una manera más clara lo que esto significa y el impacto que puede causar en las vidas de las personas.

---

[75] Orlando Costas, *Compromiso y Misión*, (San José, Costa Rica: Editorial Caribe, 1979), 46–48.

I. Definición

Este término castellano proviene del latín "discipulus" y significa aprendiz, pupilo, alumno; y es el equivalente a la palabra griega "mathetes"[76]. Entonces podemos decir que un discípulo es uno que está siguiendo a Jesús y aprendiendo lo que él le quiere enseñar. Tomando en consideración este significado es que la Iglesia debe darse a la tarea de introducir a la escuela de Jesús a todos aquellos que desean servir en su reino.

II. La importancia del discipulado

El discipulado es crucial para que la gente permanezca en la iglesia. Es por esto que Jesús le dedicó tanto tiempo a ello, y a través de la historia de la Iglesia el discipulado ha sido una constante de la practica ministerial. Según el historiador Justo González, los cristianos primitivos dedicaban gran parte de su esfuerzo a preparar y enseñar a la gente antes de que se bautizara. Según González para el año 305 E.C. un candidato al bautismo podía pasar entre dos o tres años en preparación para ser bautizado y al final debía ser probado para ver si estaba listo. Entre las clases que se daban estaba la doctrina, la moral, la liturgia y la fidelidad al Señor[77]; esto, para que pudieran hacerle frente a las batallas que vendrían por ser ellos cristianos y así pudieran servir a Dios. De allí entonces viene la idea de que, para que una persona permanezca, necesita de una preparación que le ayude a subsistir.

Precisamente, la gran comisión de Jesús para la Iglesia fue la de ir por todo el mundo y predicar el evangelio a toda criatura, haciéndolos discípulos de Él (Mateo 28:19; Marcos 16:16). La Iglesia no puede dejar a un lado esta labor. Por lo tanto, se tiene

---

[76] Strong G3101. Μαθητής mathētēs math–ay–tes' From G3129; a learner, that is, pupil: – disciple (aprendiz, pupilio, discipulo).

[77] Justo González, *Breve historia de la preparación ministerial*, (Barcelona, España: Editorial CLIE, 2012), 22–25.

que tomar el tiempo y la dedicación para cumplir con esa gran comisión que Cristo dejó. Basta estudiar un poco el ministerio de Jesús para darnos cuenta que eso fue precisamente lo que él hizo con sus discípulos. Cuando llamó a los primeros de ellos les dijo: "*...Venid en pos de mí, y os haré pescadores de hombres*" (Mateo 4:19). De allí que Jesús dedicó la mayor parte de su ministerio, precisamente, a hacerlos "pescadores de hombres".

III. El discipulado y la formación de vidas

El propósito del discipulado es la formación de vidas conforme la voluntad divina. Dios está en el negocio de formar individuos para lo que él ha determinado hacer con ellos; y una vez que los llama y que ellos quieren seguirlo, entonces él los pasa por un proceso para prepararlos y capacitarlos, y después poderlos usar. Consideremos los siguientes ejemplos bíblicos:

1. Dios creó a Jacob, pero formó a Israel. Uno de los ejemplos más claros de cómo trabaja Dios para formar individuos es el de la nación de Israel. "*Ahora, así dice Jehová, Creador tuyo, oh Jacob, y Formador tuyo, oh Israel...*" (Isaías 43:1). Dios se dio a la tarea de hacer pasar a Jacob por un proceso bastante fuerte, pero dicho proceso terminaría por formar una nación, un pueblo que serviría a Dios.

2. Jesús llamó a los discípulos, pero formó a los Apóstoles. Cuando Jesús vino a la Tierra, él llamó a hombres comunes y corrientes para hacer de ellos lo que él quería hacer. "*... Venid en pos de mí, y os haré pescadores de hombres*" (Mateo 4:19). Ellos eran pescadores de peces, pero terminaron siendo "pescadores de hombres" y al final de todo, los Apóstoles de Cristo; los que continuarían con el trabajo que Jesús había comenzado.

3. Dios llamó a Simón, pero formó a Pedro. De una forma más individual, Jesús trabajó con un Simón tosco, intrépido y hasta temeroso, para convertirlo en Pedro. El texto lo dice de la siguiente forma: "*...a Simón, a quien puso por sobrenombre Pedro*". (Marcos 3:16). Por lo tanto, así como trabajó con Simón y lo convirtió en Apóstol, de la misma manera se debe trabajar hoy con las personas para convertirlos en ministros, pastores, maestros, obispos, etc. Parece que esta es la especialidad de Dios. Él toma su tiempo y trabaja con aquellos que quiere usar en su reino.

IV. El proceso de la formación de un individuo

La formación de los discípulos de Jesús encierra un proceso, una escalera a la cúspide de la voluntad de Dios en sus vidas. Los primeros discípulos eran pescadores al principio, pero terminarían siendo Apóstoles. En este proceso hay tres pasos fundamentales:

1. El llamado a la conversión. El primer paso en el proceso del discipulado tiene que ver con el llamado a la conversión. En Juan 1:35–51 observamos a Juan, Andrés, Pedro, Felipe y Natanael, quienes se encontraron por primera vez con Jesús. Esto tuvo lugar cerca del comienzo del ministerio de Jesús, en el desierto donde Juan presentó a Jesús como el Cordero de Dios. Aquellos comenzaron a seguir a Jesús a partir de ese evento.

2. El llamado al discipulado. La fase dos del llamado consiste en seguir a Jesús y caminar cerca de él, tal y como lo hicieron estos hombres, dejando las redes y sus trabajos para entrar a la escuela de Jesús. El discipulado de Jesús consistió en un riguroso entrenamiento que abarcaría todas las áreas de sus vidas y estaría enfocado en que aprendieran los

rudimentos de la doctrina de Cristo, además de cambiar sus vidas y hacerlas acorde a la voluntad de él.

3. El llamado al ministerio. Por último, está la tercera fase; aquella en la que el hombre ya es seleccionado de entre todos los que siguen a Jesús para una tarea específica. Se puede decir que esta última etapa es aquella para la cual Dios nos ha llamado y para la cual nos ha estado preparando.

V. La escuela de Jesús

Estos discípulos tuvieron que pasar por la escuela de Jesús para poder llegar a ser lo que él quería que fueran. Esta escuela no era una cualquiera; no era un simple colegio bíblico o tal vez un seminario. ¡No! Esa era una escuela superior, pues tenía por maestro al Maestro de los maestros, como él mismo declara: *"Vosotros me llamáis Maestro, y Señor; y decís bien, porque lo soy."* (Juan 13:13). Además, esta escuela tenía algunas fases rigurosas que ellos necesitaban atravesar.

1. Un amor total a Dios. La primera cosa que tuvieron que aprender los que quisieron seguir a Cristo fue tener una relación íntima con él. Si alguien va a servir al Maestro debe estar preparado para relacionarse con él en una relación que incluya todo su amor. Esas fueron las palabras de Jesús a sus seguidores cuando les exigió amar a Dios con todo el corazón, con toda el alma y con toda la mente (Mateo 22:37). El amor del discípulo no puede estar dividido y mucho menos compartido, pues Dios no comparte su gloria con nadie. Alguien puede preguntarse entonces donde queda el amor hacia los padres, los hijos, la esposa o esposo, etc. Para contestar esta pregunta basta repasar las palabras de Cristo mismo, cuando dice que debemos amar

a nuestro prójimo como a nosotros mismos. Por lo tanto, cuando alguien ama a Dios con todo su corazón y con todas sus fuerzas, lo que está demostrando literalmente es que Dios, como fuente de todo bien, le provee de la misma manera las fuerzas para amar a otras personas y aun a sí mismo.

2. Dios exige una entrega total. El otro asunto que también reclama Jesús a sus seguidores es una entrega total. Este segundo requisito puede ser aun más exigente que el primero, pues Jesús dijo: "*El que ama a padre o madre más que a mí, no es digno de mí; el que ama a hijo o hija más que a mí, no es digno de mí; y el que no toma su cruz y sigue en pos de mí, no es digno de mí.*" (Mateo 10:37–38). En este pasaje bíblico el Señor aprieta al discípulo de una manera muy directa, pues pone en una balanza el amor a Dios versus el amor a los seres queridos. No hay otra alternativa que amar a Dios por sobre todo y todos; no es algo negociable pues de otra forma la persona no es digna de él. Con esto en mente, tal pareciera que Jesús no deja espacio para algo más en la vida de sus discípulos; sin embargo, esa es la única manera que una persona puede no sólo cambiar y ser transformado, sino también servir verdaderamente en el reino de Dios.

3. Dios exige la negación personal. Para completar la tanda de requisitos, Jesús exige que todo aquel que quiera seguirle y servirle se negará a sí mismo, tomará su cruz y le seguirá. Él dijo: "*El que quiera venir en pos de mí, niéguese a sí mismo…*" (Lucas 9:23). En esta parte cabe mencionar que el Maestro profundiza en nosotros hasta llegar a lo más íntimo de nuestro ser. Ciertamente el negarse a uno mismo es algo muy profundo, que toca las cuerdas más

íntimas de nuestra vida. Como seres humanos tenemos tantas ilusiones de superación, aspiraciones de sobresalir o simplemente el ir a vivir a una isla hermosa o a una montaña; sin embargo, si Dios lo llama a uno para una tarea en su reino, uno tiene que decirle "no" a esa preciosa isla o a esa montaña espectacular. Esto es lo que realmente significa negarse a sí mismo: renunciar a todo aquello que puede ser bueno o especial para nosotros, si es que Dios nos tiene otras cosas para hacer. Es por eso que, en una exclamación más de añoranza que de reclamo, el apóstol Pedro le dice a Jesús: *"He aquí nosotros hemos dejado todo por seguirte. ¿Qué pues tendremos?"* A Cristo, por supuesto; y con él la vida eterna. El apóstol Pablo comprendió muy bien este asunto, por lo que escribe en su epístola a los Gálatas: "*...ya no vivo yo, mas Cristo vive en mí*" (Gálatas 2:20).

4. Dios exige un sometimiento total. En último lugar debemos decir que Dios exige que todo aquel que quiere seguirle y servirle se someta totalmente a su voluntad y sea obediente en todo lo que él ordene. Un texto bastante directo para este fin lo encontramos en las palabras de Pablo a los romanos: "*¿No sabéis que, si os sometéis a alguien como esclavos para obedecerle, sois esclavos de aquel a quien obedecéis, sea del pecado para muerte, o sea de la obediencia para justicia?*" (Romanos 6:16). El sometimiento voluntario a Dios es uno de los requisitos fundamentales del discipulado, porque —utilizando el texto mencionado— si una persona no está en disposición de rendirse ante su Señor, ¿cómo podrá entonces servirle? Imagínese usted que un amo le pide un vaso de agua a su siervo y éste le dice: "Amo, ahora no puedo. Más

tarde le doy su vaso de agua." ¿Qué cree usted que hará ese amo con su siervo? Por otro lado, el sometimiento va de la mano de la obediencia a Dios. No puede darse lo uno sin lo otro, de otra forma sería una dominación y Dios no quiere tener a nadie sirviéndole por la fuerza. La obediencia es entonces una característica que poseen todos aquellos que son siervos verdaderos del Señor. Esto es lo que Jesús nos ha enseñado con su propio ejemplo, ya que él también se hizo obediente hasta la muerte (Filipenses 2:8).

Concluimos este punto mencionando que el discipulado se centra en el amor, la entrega y el sometimiento del individuo a Dios. Si alguien quiere seguir y servir a Cristo y le entrega todo su ser, disponiéndose a hacer lo que él diga, el resto de lo que reciba en su proceso de discipulado no será sino herramientas para servir mejor.

VI. La doctrina en el discipulado

El otro elemento fundamental en el discipulado es la doctrina que debe recibir el creyente. La doctrina juega un papel fundamental en la permanencia de la gente en la iglesia; por lo tanto, se debe trabajar arduamente en este particular, para que ésta pueda tener un impacto en la vida de las personas.

1. Definición.

¿Que es una doctrina? ¿Qué significado tiene este término? En la Biblia encontramos algunas definiciones; por ejemplo, en el Antiguo Testamento. Doctrina, del hebreo *shemua* significa "lo que es recibido". En el Nuevo Testamento la palabra que se usa es la griega *didaché*, que denota enseñanza o aquello que se enseña; el acto de dar alguna instrucción. Entonces, la doctrina es una enseñanza o instrucción que se enseña o recibe.

2. La doctrina de Cristo.

Cuando Cristo vino a este mundo, él se dedicó a predicar la palabra de Dios. Todas las palabras que Jesús decía eran doctrina o enseñanza inspirada divinamente: *"Y cuando terminó Jesús estas palabras, la gente se admiraba de su doctrina; porque les enseñaba como quien tiene autoridad, y no como los escribas"* (Mateo 7:28–29). En este texto podemos ver la diferencia de las enseñanzas de Cristo respecto de las enseñanzas de los religiosos contemporáneos de él. Jesús hablaba una palabra y enseñanza diferente, con autoridad. Aquí podemos notar dos cosas: (1) La enseñanza de Jesús incluía la verdad completa de Dios. Uno no debe tomar parte de la Biblia solamente. Cada enseñanza nuestra debe estar fundada en toda la Biblia. Los escribas y fariseos enseñaban sólo lo que les convenía y muchas de sus enseñanzas eran "de hombres", es decir no de Dios (Marcos 7:7). (2) La enseñanza de Jesús tenía autoridad. La autoridad con la que hablaba Jesús no era sólo porque él era el Cristo, sino porque sus acciones respaldaban lo que decía; a diferencia de los religiosos, que hablaban la Ley de Dios, pero no practicaban lo que predicaban (Mateo 23:3).

3. La doctrina de los Apóstoles.

Los Apóstoles de Cristo recibieron todas las enseñanzas de Jesús y luego las enseñaron a la iglesia. La iglesia primitiva practicó la doctrina de Cristo y de los apóstoles: *"Y perseveraban en la doctrina de los apóstoles, en la comunión unos con otros, en el partimiento del pan y en las oraciones"* (Hechos 2:42). Por lo tanto, la doctrina era fundamental en todos aquellos que andaban con Jesús y cada uno la iba pasando a otros.

4. La importancia de la doctrina en el creyente.

La doctrina de Jesús es la parte más importante en la vida de un cristiano y es fundamental para marcar la diferencia en el mundo y más en un discípulo. Recién mencionamos a los religiosos de la época de Jesús. Ellos fueron llamados por Jesús *"sepulcros blanqueados"* (Mateo 23:27) porque por fuera mostraban que servían a Dios, pero en realidad no practicaban lo que predicaban. El que tiene la verdadera doctrina y la práctica, seguramente hará una gran diferencia en este mundo.

La segunda consideración respecto a la doctrina, es que ésta es la base de la permanencia en el Camino. La doctrina es realmente un asunto crucial para la sobrevivencia en el camino de Dios. El Señor Jesús utiliza el ejemplo de dos casas que son sacudidas por diversos elementos naturales que intentan derribarlas. Una casa está construida sobre la roca y otra sobre la arena. ¿Cuál permanecerá? *"Cualquiera, pues, que me oye estas palabras, y las hace, le compararé a un hombre prudente, que edificó su casa sobre la roca. Descendió lluvia, y vinieron ríos, y soplaron vientos, y golpearon contra aquella casa; y no cayó, porque estaba fundada sobre la roca. Pero cualquiera que me oye estas palabras y no las hace, le compararé a un hombre insensato, que edificó su casa sobre la arena; y descendió lluvia, y vinieron ríos, y soplaron vientos, y dieron con ímpetu contra aquella casa; y cayó, y fue grande su ruina. Y cuando terminó Jesús estas palabras, la gente se admiraba de su doctrina; porque les enseñaba como quien tiene autoridad, y no como los escribas."* (Mateo 7:24–29).

Jesús enfatiza que la casa edificada sobre la roca es la que permanece ante las diversas clases de azotes. El que oye y obedece la Palabra es el que permanece, pero el que oye y no obedece, cae. Eso es exactamente lo que pasa en la vida cristiana: sólo los que edifican su vida sobre la roca permanecen. Notemos que las dos casas sufrieron lo mismo, pero sólo se mantuvo la que tenía un fundamento sólido, que es la doctrina. En la vida cristiana solo van a permanecer aquellos que adopten la doctrina como algo indispensable para sus vidas. Es por eso que San Pablo exige a los hermanos efesios madurez espiritual para no ser llevados por cualquier viento de doctrina (Efesios 4:13–14).

Una de las exhortaciones más claras que tiene la Biblia referente a la predicación de la doctrina apostólica, se encuentra en una carta de Pablo a Timoteo: *"Te encarezco delante de Dios y del Señor Jesucristo, que juzgará a los vivos y a los muertos en su manifestación y en su reino, que prediques la palabra; que instes a tiempo y fuera de tiempo; redarguye, reprende, exhorta con toda paciencia y doctrina. Porque vendrá tiempo cuando no sufrirán la sana doctrina, sino que, teniendo comezón de oír, se amontonarán maestros conforme a sus propias concupiscencias, y apartarán de la verdad el oído y se volverán a las fábulas"* (2ª Timoteo 4:1–4).

5. La razón del porqué de la doctrina.

El Apóstol explica con claridad la razón por la cual pide a Timoteo que predique la sana doctrina: vendrá tiempo cuando la gente "no sufrirá" la sana doctrina. Pablo dice también que vendrá tiempo en que los creyentes no querrán escuchar la buena enseñanza, sino que buscarán maestros que les digan sólo lo que ellos quieren oír. Todavía más, la gente prestará más atención a cualquier clase de cuentos que a la verdadera doctrina.

a. "Vendrán tiempos peligrosos". Ahora son esos tiempos peligrosos que profetizó el Apóstol; ya los estamos viviendo. La gente ya no sufre la sana doctrina. La palabra "sufrir" se traduce del verbo griego *anecho*, que quiere decir "soportar". También se traduce como "tolerar". La Biblia interlineal traduce "sufrirán" como "aguantarán": vendrán tiempos cuando las personas no *aguantarán* la sana doctrina. ¿Cuál es la sana doctrina? La sana enseñanza de la Biblia. Cualquiera puede atribuirse esto y decir que tiene la verdad, pero la Biblia afirma que el árbol se conoce por sus frutos. Cuando una persona no soporta la sana doctrina o enseñanza, es porque o no está de acuerdo con ella o no quiere aceptarla. Si no está de acuerdo con ella, es porque no se ha convertido al Señor; y si no la acepta, es porque quiere vivir de un modo diferente al que la doctrina enseña.

b. Mucha gente tendrá "comezón de oír". Esta comezón —algo que se da muy a menudo hoy día— consiste en el agrado de oír cosas que proporcionan placer, pero no se conforman a la verdad. Mientras que la verdad "rechina" en el oído de algunos —les cae muy mal— la comezón de oír les lleva a aceptar enseñanzas que les agradan pero que están en desacuerdo con Dios (Hechos 17:19–21). Esta comezón se da en aquellos que no están de acuerdo con la sana doctrina y por lo tanto cierran su oído a ella, a la vez que lo abren a las falsas enseñanzas que concuerdan con su manera equivocada de pensar.

c. "Se amontonarán maestros conforme a sus propias concupiscencias". Estos falsos maestros se amontonan y amontonan hoy día. Ahora hay miles que están en contra de la sana doctrina. Los falsos maestros se amontonan según la concupiscencia —malos deseos— no de ellos, sino de los que tienen comezón de oír; porque en este mundo de libertad para todo hay salida. Hay iglesias donde prácticamente todo se permite, aunque eso esté en contra de la sana doctrina. El que tiene comezón corre hacia allí, donde no se exige nada. Hay iglesias para todos hoy día; y para todos los gustos e inclinaciones. Pero la verdadera Iglesia es la que pertenece al Señor Jesucristo; él la ha comprado con su sangre preciosa y nadie la arrebatará de su mano.

Es pues necesario discipular al creyente en las diversas áreas de su vida cristiana, y con los fundamentos de la fe, ya que al hacerlo estaremos capacitando a esa persona no solo al éxito de su vida cristiana sino para la permanencia en el camino de Dios.

VII. Herramientas para discipular

A continuación, presentamos algunas ideas para discipular a todos aquellos que se enlistan en las filas cristianas para servir a Dios. El discípulo puede ser llevado a una escuela que puede incluir algunos niveles de preparación.

Nivel 1. Enseñanzas sobre doctrina fundamental.

En este primer nivel, se recomienda que el candidato que recibió a Jesucristo como su Salvador y ha decidido servirle, sea llevado a través de una serie de estudios o charlas doctrinales que le ayuden en su preparación y conversión. Algunos de los temas que el Pastor o líder puede utilizar para esta preparación se mencionan a continuación.

1. La Biblia. A los nuevos creyentes se les debe enseñar cosas básicas sobre la Biblia. Esto incluye un panorama bíblico, para que tengan un conocimiento breve pero conciso del libro de texto que los ha de guiar en su experiencia cristiana. En este paso se les puede enseñar sobre la importancia de amar la Biblia, sobre cómo leerla y meditar en ella; y cómo estudiarla, entre otras cosas.

2. Dios. En este punto se enseña a la persona sobre el conocimiento de Dios, su naturaleza y su relación con los seres humanos. Aquí se debe estimular al creyente a darle su corazón a Dios y guiarlo a que tenga una relación personal fuerte con Dios; ya que cuanto más fuerte sea esa relación, más difícil será que se aparte de él.

3. Jesucristo. En este punto se le debe enseñar al nuevo prospecto sobre el papel que cumple Cristo en la salvación, su naturaleza y su obra. Baste decir que se le debe enseñar a la persona sobre la fidelidad de Cristo y el cuidado que él tiene de cada cristiano.

4. El hombre. Un estudio sobre el hombre, su creación y caída ayudarán al candidato a entender su propia naturaleza y cómo ésta interactúa con Dios al ser puesta en contacto con la palabra de Dios y con los planes que Dios tiene para el hombre.

5. El pecado. Otro de los elementos indispensables en el proceso de conversión del creyente es el estudio acerca del pecado y su impacto en la vida del ser humano. El propósito de este tema es ayudarle a entender lo desagradable que resulta para Dios el hecho de que una persona viva sumergida en el pecado.

6. El arrepentimiento. Otro asunto que se debe de trabajar en el nuevo creyente es el arrepentimiento. Aunque este asunto es personal para cada individuo, es muy necesario que el prospecto no sólo aprenda sobre el arrepentimiento, sino que también lo experimente; que sea una vivencia para él o ella. Es decir que el nuevo creyente se debe arrepentir de sus pecados y experimentar un cambio en su vida.

7. El bautismo. Este es uno de los temas que merece más atención en la iglesia. Es una de las partes más importantes de la doctrina cristiana y el elemento que sirve a su vez como puerta de entrada, no sólo a la membresía de la iglesia sino también al reino de Dios. Al hablar del

bautismo, decimos lo mismo que con el arrepentimiento: la persona no sólo debe conocer sobre el tema, sino que lo tiene que experimentar. En este punto es necesario que los capacitadores o maestros hagan énfasis en que los candidatos al bautismo conozcan el significado del mismo, cómo se lleva a cabo y sobre todo la importancia que éste tiene en el proceso de salvación.

8. La Iglesia. El creyente debe conocer también lo que significa la Iglesia y cuál es el papel que ella desarrolla en el mundo. Además, debe conocer cuáles son los privilegios y responsabilidades de aquellos que se incorporan a la misma. Todas estas cosas ayudan al nuevo creyente a ser consciente de la manera en que opera la iglesia a la cual está adhiriéndose.

9. Otros temas. Entre otros temas que se pueden enseñar en la preparación de los candidatos al bautismo están la Santa Cena o Comunión, la esperanza de la Iglesia y el sistema económico de Dios, lo cual incluye conocimiento sobre los diezmos y las ofrendas; entre otros.

Nivel 2. Enseñanzas para nuevos convertidos.

Luego que la persona ha sido bautizada y se ha convertido en miembro de la iglesia, debe ser llevada a una clase que le enseñe todas aquellas cosas que un nuevo creyente necesita saber. Aquí el líder debe ser creativo para preparar los estudios que se adapten a su localidad y a su fe. Sin embargo, a continuación se dan algunos ejemplos de temas que pueden ayudar al discipulador en el proceso de discipulado del nuevo creyente. del nuevo creyente. Dichos tópicos son tomados del libro: "*La vida cristiana: una guía bíblica para nuevos convertidos*". Bloomington, IN: WestBow Press, 2017. Por Roberto Tinoco.

1. La vida cristiana. En este tema se le enseña al nuevo creyente la importancia que tiene el entender lo que es la nueva vida en Cristo. La mejor manera de presentar este punto quizás sea con la analogía paulina de la carrera de un atleta, la cual comienza cuando uno se bautiza y termina cuando el Señor lo recoge a uno. Es importante hacerle notar al creyente las exigencias de la nueva vida, así como los privilegios de la misma.

2. Creciendo en Cristo. Es importante estimular al nuevo creyente a crecer espiritualmente en Cristo Jesús. Básicamente esta es la médula del cristianismo, pues si una persona que se ha entregado a Cristo y se ha bautizado no se preocupa por crecer, queda enana en la fe y se expone a ser engañada por cualquier mala influencia doctrinal.

3. La conversión. En esta lección se le enseña al nuevo creyente el proceso de conversión que ha llevado hasta ese punto; el asunto del arrepentimiento y la vida regenerada. Esto, con la meta de crear en él conciencia de que ahora es una nueva criatura en Cristo y que "las cosas viejas pasaron", como dice la Escritura.

4. Luchas, pruebas y tentaciones. En este punto se le debe de enseñar al nuevo creyente que la vida cristiana —aunque es muy hermosa y placentera— tiene sus contratiempos y todos debemos estar preparados para enfrentarlos. El cristiano experimenta retos todos los días en su vida cristiana; retos que pueden causar un impacto positivo o negativo, según cómo se asuman. Como hijos de Dios, tenemos luchas, pruebas y tentaciones todos los días.

Las luchas son aquellas que tenemos por servir a Cristo. Todos los cristianos que quieren servir a Dios tienen luchas. Luchas contra la carne y sus pasiones, luchas contra las asechanzas del diablo, luchas contra los que nos rodean y que no quieren que sirvamos a Dios, etc. Pero hay algo que debemos saber y es que Dios está con su pueblo en la lucha; que cuando alguien quiere servir a Dios de corazón, debe luchar.

Las pruebas son aquellas que Dios pone a sus hijos para probar su fidelidad, su fe, su cristianismo, su amor, etc. Dios siempre nos va a probar. Las pruebas nos hacen crecer espiritualmente. El propósito de Dios es que crezcamos. Por eso fueron probados aquellos jóvenes en Daniel 3:17–27. Por negarse a servir a otros dioses, ellos fueron arrojados al horno de fuego. Ellos sabían que si no lo hacían perecerían, pero aquella fue la prueba de su fe. Ellos verdaderamente creían en Dios y cuando alguien cree verdaderamente a Dios, ni el fuego le hace daño. Dios estaba con ellos, y por eso no perecieron.

Por último, tenemos las tentaciones. Como hijos de Dios éstas también nos acechan. La tentación viene de parte del enemigo, especialmente cuando estamos atravesando situaciones difíciles en nuestra vida. El propósito de la tentación es que caigamos y le fallemos a Dios; así como Jesús fue tentado cuando tenía hambre, así viene la tentación cuando nos encontramos en una situación semejante; pero poderoso es Dios para ayudarnos. La Biblia dice: *"No os ha sobrevenido ninguna tentación que no sea humana; pero fiel es Dios, que no os dejará ser tentados más de lo que podéis resistir, sino que dará también juntamente con la tentación la salida, para que podáis soportar"* (1ª Corintios 10:13). Es inevitable que tengamos luchas y pruebas, así como es inevitable que tengamos tribulaciones; pero de todas ellas nos librará el Señor. Solamente tenemos que creer que Dios está con nosotros.

5. La armadura de Dios. Esta enseñanza también está diseñada para que el creyente aprenda que Dios le ha dado una armadura tan fuerte y poderosa que puede resistir todos los ataques del maligno. Pero Dios también le ha dado al hijo de Dios armas poderosas para poder derrotar al enemigo junto con sus ataques y tentaciones que él va a enviar. Cabe mencionar que es importante que el hijo de Dios sepa que los ataques del diablo van a venir y que no los podrá evitar si verdaderamente quiere servir a Dios; sin embargo, él tendrá siempre a su disposición las armas necesarias para derrotarlo en Cristo Jesús.

6. La vida en el Espíritu Santo. Y, ¿qué podemos decir del Espíritu Santo? En Hechos 1:8 dice que el cristiano ha de recibir poder cuando venga el Espíritu Santo sobre él. Esto es precisamente lo que el creyente debe saber: que Dios no le dio su Espíritu Santo sólo para gozarse y alegrarse, sino también y especialmente para tener poder y autoridad, para salir adelante con su vida cristiana. Es el Espíritu de Dios el que le ha de guiar y dar sabiduría para caminar en este nuevo camino con Cristo. Es el Espíritu de Dios el que le ha de dar el poder para vencer la tentación y poder desarrollar el ministerio que Dios le ha de dar. Por lo tanto, una recomendación muy importante para el nuevo creyente es que no sólo se asegure de conocer del tema, sino que sea lleno del Espíritu Santo de Dios, más que todo.

7. Disciplinas Espirituales. La oración, el ayuno y el estudio de la palabra de Dios deben formar parte de las clases de discipulado, ya que estas prácticas o disciplinas son indispensables no sólo para mantener al hijo de Dios hambriento por la presencia de Dios, sino también con

su carne en sujeción y más que todo creciendo en el conocimiento de la palabra de Dios. El creyente debe saber todo lo referente a la oración: cómo orar, por qué orar y cómo es que Dios contesta las oraciones —o no las contesta si lo que se pide no es conforme a su voluntad. Por lo tanto, estas disciplinas son muy útiles para una vida fructífera y bendecida.

8. El asistir a la casa de Dios. Este libro trata del porqué la gente se va de la iglesia y aunque este punto puede tener varias interpretaciones, para el objeto que aquí perseguimos nos referimos a la asistencia a los cultos en la iglesia local. El asistir a la casa de Dios y presentar nuestras alabanzas, ofrendas y sacrificios, es y debe ser siempre una prioridad para todo cristiano. Realmente, si no conectamos a la gente al templo, a los cultos y a las actividades de la congregación, estaremos formando creyentes débiles en extremo. La gente necesita ir al templo todo el tiempo, no sólo para adorar a Dios y presentar sus ofrendas, sino también para escuchar la palabra de Dios y ser direccionado en muchas áreas, y más que todo en las cosas espirituales del camino de Dios.

9. Otros temas a impartir al nuevo creyente pueden ser: la vida bendecida, las relaciones personales, el llamado de Dios, cómo evangelizar, profecía bíblica y otros.

VIII. Conclusión

Concluimos este capítulo mencionando que el discipulado es una pieza clave en el proceso de retención de cada persona que ha decidido ser cristiana y ha comenzado la nueva vida; ya que por medio del discipulado el nuevo creyente es adiestrado y entrenado para enfrentar las adversidades de la vida y cualquier dificultad que se le interponga en su nuevo caminar con Cristo. A través del discipulado el creyente también es capacitado en los principios doctrinales, para que no sea movido fácilmente con cualquier "viento de doctrina". Además, el discipulado provee al creyente de las herramientas necesarias para poder serle útil al Señor. Por lo tanto, pastores y líderes de la iglesia deben darse a la tarea de discipular a aquellos que entran a la familia de Dios, para ayudarles a permanecer firmes en el camino del Señor.

CAPÍTULO 8

La Comunión Cristiana

La integración de los nuevos creyentes a la iglesia es un proceso fundamental para que la gente permanezca en ella. Este es el sentido de pertenencia que deben desarrollar quienes se hacen miembros de la familia de Dios. Si una persona no se siente conectada a la iglesia, difícilmente querrá quedarse en ella. Es por eso que Jesús instó a sus discípulos a permanecer en él, así como las ramas en la vid (Juan 15:4). La Iglesia primitiva trabajó este asunto muy bien, pues todos querían estar juntos y tener todas las cosas en común (Hechos 2:44). En este capítulo estudiaremos la importancia que tiene la conexión con la iglesia, la cual se manifiesta en una comunión con Dios y con los hermanos; y analizaremos las implicaciones que ello tiene en la permanencia del nuevo creyente en la iglesia.

I. La integración

Cuando una persona se convierte a Cristo, una de las primeras cosas que hay que hacer con ella es integrarla a la iglesia. Esto quiere decir que la persona se recibe en la membresía de la iglesia. Ahora es un miembro con todos los derechos y privilegios; algo que esa persona debe saber, para poder valorarlo o apreciarlo.

Se ha descubierto que aquellas personas que no se conectan con la iglesia mediante este proceso, quedan aisladas de todo lo que la congregación puede ofrecerles, especialmente en tiempos de necesidad. Por lo tanto, la integración tiene que incluir primeramente la membresía de la iglesia. En segundo lugar, la persona debe integrarse a alguno de los diferentes departamentos o grupos que haya en la iglesia, por ejemplo, el grupo de damas, caballeros o jóvenes. Cuando una hermana nueva es recibida, por ejemplo, en el grupo de damas, ella se siente bien porque se da cuenta que ya pertenece a un grupo específico dentro de la congregación. Si la iglesia trabaja con grupos pequeños o células, también es necesario que el nuevo miembro rápidamente se conecte con uno; este es el camino más seguro para su permanencia y para encontrar su ministerio. Está comprobado que las personas que son conectadas a un grupo pequeño, tienen muchas más posibilidades de sobrevivir espiritualmente. Es precisamente en los grupos pequeños donde se desarrolla una verdadera convivencia —mejor conocida como comunión— de acuerdo a lo que veremos a continuación.

II. La comunión cristiana

Los miembros de la iglesia del primer siglo vivían una perfecta comunión cristiana, la cual los mantenía unidos y con un deseo de convivencia muy especial. En la iglesia existía el cuidado de las necesidades de todos los hermanos. Ellos estaban juntos, tenían en común todas las cosas y hasta vendían sus propiedades para compartir con aquellos que tenían necesidad. El texto bíblico dice lo siguiente: *"Todos los que habían creído estaban juntos, y tenían en común todas las cosas; y vendían sus propiedades y sus bienes, y lo repartían a todos según la necesidad de cada uno. Y perseverando unánimes cada día en el templo, y partiendo el pan en las casas, comían juntos con alegría y sencillez de corazón"* (Hechos 2:44–46).

Cuando leemos el texto mencionado, pareciera el final de una novela o de una historia comunitaria muy especial. Hasta podríamos decir que se trata de una fantasía, y sin embargo eso era precisamente lo que estaba viviendo la iglesia del primer siglo. Ellos estaban viviendo una perfecta "koinonía cristiana" la cual era gobernada por el Espíritu Santo. Enseguida explicaremos el significado del término koinonía.

Una de las grandes enseñanzas de Cristo a sus discípulos fue precisamente que debían amarse los unos a los otros para que el mundo comprendiera que ellos en verdad eran sus discípulos (Juan 13:35). Estas palabras de Jesús están conectadas con una práctica antigua del pueblo de Israel, expresada en el Salmo 133, el cual es conocido por expresar no sólo el gozo de vivir juntos, sino también la bendición que viene de Dios cuando los hermanos habitan juntos: *"Mirad cuán bueno y cuán delicioso es habitar los hermanos juntos en armonía... Porque allí envía Jehová bendición y vida eterna"* (Salmos 133:1,3). Es precisamente desde esta perspectiva que la iglesia del primer siglo trabajó muy fuerte para hacer que todos aquellos que se iban agregando a las filas del cristianismo se unieran a ella y permanecieran juntos, fortaleciéndose en la fe y trabajando unidos en las tareas comunes de la iglesia.

1. Definiendo la comunión.

La palabra *koinonía* es el término griego que se traduce como compañerismo o comunión. La iglesia del primer siglo lo utilizaba para referirse a sus reuniones, que bien pudiéramos llamar "koinonías cristianas" como ya hemos dicho. Koinonía se refiere a un tener común y puede ampliarse al concepto de la parte o participación que alguien tiene en cualquier cosa, así como a un compañerismo reconocido y gozado; también a la comunión manifestada como efecto práctico de nuestra comunión con Dios, producida por el Espíritu Santo (Filemón 6; Romanos 15:26). En otras palabras, si tenemos comunión con Dios, tenemos comunión con los hermanos.

2. La importancia de la koinonía.

En primer lugar, la comunión es un privilegio fundamental de todo aquel que es miembro de la Iglesia, que es el cuerpo de Cristo. La comunión es muy importante dadas las diferentes razones que a continuación veremos:

a. Hace sentir a la gente en familia. La comunión hace sentir a cada uno de los miembros de la Iglesia como en una familia. La confianza y el amor son partes predominantes en esta relación. La gente se llega a querer tanto como si los demás fueran su misma carne y sangre. Eso es lo que hace la comunión. Es realmente sorprendente cómo se quiere a personas que son de otros países, de otras culturas, razas y aun otras formas de hablar. La comunión es tan poderosa que no estima estas diferencias a la hora de mostrar el amor y la comprensión, sino que se puede observar claramente que hay un vínculo espiritual que mantiene esta unidad.

b. Hace sentir que uno es parte del cuerpo de Cristo. El otro elemento fundamental que produce la comunión es el hecho de la adherencia al cuerpo de Cristo. La comunión hace sentir a los miembros de la iglesia parte del cuerpo de Cristo y por ende, necesarios. Por esta causa cada individuo que se agrega a la iglesia, encuentra en ella su lugar y por ende siente que su vida tiene un verdadero sentido de pertenencia.

c. Produce un sentido de pertenencia. Otro de los factores que se crea por medio de la comunión es el sentido de pertenencia del individuo. El sentimiento que surge en él es: "Pertenezco a la familia de Dios.

Ahora soy parte de algo tan importante como lo es la familia espiritual, el pueblo de Dios." Es interesante que, cuando una persona se aleja de Dios, una de las primeras cosas que pierde es precisamente el sentido de pertenencia. Se ha observado a personas que han regresado a la iglesia después de un tiempo y se sienten "raros"; como que los ojos de los demás están sobre ellos. Hasta ocupan la última fila del templo, pues están desconectados y se sienten incómodos en la iglesia. Esto sucede porque su ausencia del templo les ha quitado el sentido de ser parte de la familia de Dios, de pertenecer a ella.

d. Hay compañerismo. La comunión también produce un verdadero y genuino compañerismo. El compañerismo se puede describir como aquella capacidad de llevarse bien con los demás. Nada mejor que llevarse bien con los demás; que tener amistad. El compañerismo es una de las cosas más grandes que pueden tener los miembros de cualquier iglesia, ya que es ese compañerismo el que los va a hacer sentir bien y sobre todo necesarios. La Iglesia tiene muchas culturas involucradas, pero el Señor hace que nos queramos y que nos llevemos bien. Pero lo más grande de todo es que, cuando estamos juntos, la presencia de Dios hace que todos nos sintamos bien. Bien decía el salmista: *"Mirad cuán bueno, y cuán delicioso es..."* (Salmos 133:1).

e. Crea un sentimiento de cuidado. Por último, la comunión produce un sentimiento de cuidado por los demás miembros de la iglesia. Se ha observado continuamente cómo la hermandad responde ante necesidades de miembros de la iglesia, las cuales se presentan periódicamente. Un ejemplo de esto puede ser el de la viuda que no tiene lo suficiente para proveer a sus hijos, pues su esposo falleció; o el joven huérfano, o el anciano que padece alguna enfermedad y no puede trabajar; incluso la persona que está lastimada a causa de un accidente.

3. La iglesia primitiva vivía una perfecta "koinonía".

El texto de Hechos que presentamos al principio de este capítulo expresa muy diáfanamente este asunto de la comunión. La iglesia primitiva vivía una perfecta comunión creada por el Espíritu Santo, motivada por el deseo de convivencia que tenían los primeros cristianos. Ellos habían experimentado el poder de Dios en sus vidas y lo manifestaban permaneciendo juntos. Observemos cuidadosamente las palabras de Hechos 2:44–46:

a. *"Todos los que habían creído".* Observemos que el elemento determinante en el comienzo de esta comunión es el creer. Alguien podría preguntar: ¿En que consiste este "creer"? Obviamente, aquí la Palabra se está refiriendo a creer en Jesús, pues él fue quien causó este movimiento; él fue quien los juntó y él fue quien los envió a trabajar por una causa, haciéndoles permanecer juntos. Sin embargo, creer también involucra la fe o doctrina de los seguidores de Jesús; y fue precisamente la forma de creer respecto a Dios y a su plan para la humanidad —entre otros asuntos— lo que mantuvo unidos a aquellos primeros cristianos como una verdadera comunidad de fe. En este punto debemos resaltar que no puede existir una comunión entre personas que piensan y creen diferente referente a la Divinidad y a su plan para este mundo. Esto es precisamente lo que tiene tan dividido al mundo. En la iglesia primitiva todos pensaban una misma cosa. Y tan importante era esto para ellos que el apóstol

Juan recomendó que no se recibiera a las personas que no trajeran la misma doctrina; que ni siquiera se les dijera "bienvenidos" (2ª Juan 10).

b. *"Estaban juntos".* El segundo elemento del texto es el estar juntos. Como dijimos anteriormente, esto responde al famoso Salmo 133 donde se nos habla de cuán bueno y delicioso es que los hermanos habiten juntos en armonía (V. 1). Estar juntos es una idea muy poderosa; nos habla de equipo, de compañía, de caminar, trabajar y emprender juntos nuestra jornada.

c. *"Tenían todas las cosas en común".* Se debe tener cuidado con la manera de utilizar este texto, que dice así: "Y ninguno decía ser suyo nada de lo que poseía, sino que tenían todas las cosas en común" (Hechos 4:32). La advertencia de usarlo con cuidado es porque éste ha resultado muy controversial para muchas personas, iglesias, asociaciones, grupos y aun partidos políticos. Este versículo ha sido citado por personajes políticos que defienden el sistema comunista, llegando uno de ellos a afirmar en una ocasión que el primer comunista de la historia fue Jesús. El enfoque de este libro no es discutir sobre este asunto, sino más bien crear conciencia de que lo que Dios le da a sus hijos se debe compartir con aquellos que padecen necesidad; y que si en algún momento se presenta la oportunidad, se deben compartir aun aquellas cosas básicas para la vida, como el vestido, la comida y la vivienda.

d. *"No había necesitados".* En la iglesia primitiva no había necesitados, porque los hermanos vendían lo que tenían y lo repartían a los más necesitados. La iglesia desde el principio siempre ha sabido dar cuando hay necesidad. Leer 1ª Corintios 16:1–3.

e. *"Partiendo el pan por las casas"*. La confraternidad es muy importante. No a todos les gusta ir a las confraternidades, pero esto es lo que hacía la iglesia primitiva. Ellos se juntaban, no para chismear o hablar mal de los hermanos, sino para hablar de Dios y sentirse en familia.

4. La comunión de unos a otros.

La frase o expresión "uno a otros" se utiliza como unas cincuenta veces en el Nuevo Testamento, donde se nos ordena que nos amemos unos a otros, que oremos los unos por los otros, que nos animemos los unos a los otros, que nos amonestemos los unos a los otros, que nos saludemos, que nos sirvamos, que nos enseñemos, que nos aceptemos, que nos honremos, que sobrellevemos los unos las cargas de los otros, que nos perdonemos, que cantemos, que nos sometamos los unos a los otros, etc. Todo esto nos manda hacer la Biblia y por lo tanto estas cosas se deben asumir como las responsabilidades de todo miembro de la iglesia. Si la iglesia practicara esto, ella sería completamente diferente. Por eso surge la necesidad de volver a enseñar esto, para que los creyentes comprendan que el Señor quiere que vivan en comunión unos con otros; quiere una iglesia ordenada y una iglesia que lo conozca a él.

5. ¿Cómo se puede vivir en comunión?

Desde el Antiguo Testamento, a Dios le ha importado o interesado que su pueblo camine en unidad, en comunión y sobre todo en armonía. Para ello, él les dio leyes que los mantendrían unidos, leyes que los mantendrían cerca de él. Estas leyes incluían mandamientos específicos acerca de su relación con Dios y con los demás hermanos. Los Diez Mandamientos incluyen leyes específicamente diseñadas para mantener la unidad del pueblo, basadas en el principio de respetar la vida del prójimo y sus derechos (Éxodo 20:12–17). Y fue ese respeto hacia los demás el que hizo que en la iglesia primitiva los hermanos vivieran en perfecta armonía, porque con respeto y amor se puede vivir en comunión.

6. Una iglesia en comunión crece y prospera.

"*Y el Señor añadía cada día a la iglesia los que habían de ser salvos*" (Hechos 2:47). Si nosotros como iglesia vivimos en comunión —primero con Dios y luego con los hermanos— y hacemos sentir en familia a los amigos, ellos se van a quedar, van a ser añadidos a la iglesia, van a ser parte de la familia; y entonces habrá crecimiento.

III. Conclusión

Como se ha visto en este capítulo, la comunión contribuye de manera directa en la permanencia de una persona en la Iglesia. Definitivamente, la gente se queda donde se siente bien, donde recibe amor, cariño y cuidado; y lo que hace que la gente se sienta bien en la iglesia es la convivencia con los hermanos y el ambiente de familia. Por eso es importante que los nuevos creyentes se conecten a la iglesia y participen en las actividades; para lo cual se les debe tomar en cuenta, pues esto les dirá que ellos son verdaderamente importantes.

CAPÍTULO 9
El Cuidado Pastoral

Hay que tomar muy en cuenta que los creyentes necesitan ser cuidados y pastoreados efectivamente, pues eso es algo fundamental en la permanencia de ellos en la iglesia. El cuidado pastoral es vital en la continuidad de una persona en la iglesia. No es aceptable que ganemos a los perdidos para luego perder a los ganados. En ocasiones, las iglesias establecen programas muy fuertes para atraer a nuevos prospectos, pero no fortalecen el sistema de cuidado. Entonces sucede como dijimos al principio de este libro, las personas entran por la puerta del frente y salen por la de atrás. En este capítulo nos enfocaremos en lo que tiene que ver con el cuidado de la gente que Dios nos ha permitido alcanzar para su reino. Analizaremos el corazón de Dios respecto a los que se pierden, la labor pastoral y lo que se espera de la Iglesia en general con respecto a cuidar de los creyentes.

I. El corazón de Dios referente a los que se pierden

1. La oveja perdida.

El capítulo 15 de San Lucas nos relata tres tremendas historias con respecto al tema que estamos tratando. En el mismo, resalta la defensa que Jesús hace ante la crítica de los religiosos de su época hacia él, por su comportamiento hacia los pecadores. Jesús comía con los pecadores; y para los religiosos, eso no era digno. En este relato, Lucas resalta la gracia y la misericordia de Dios para con todo aquel que se encuentra perdido; lo cual queda plasmado en tres poderosas parábolas, conocidas como las "parábolas de la gracia". La primera es la parábola de la oveja perdida. En la misma, un pastor tiene cien ovejas, pero pierde una de ellas; así que deja las noventa y nueve en el desierto y sale en busca de la que se perdió hasta que la halla; y después que la encuentra, se regocija con sus amigos porque la ha encontrado. La segunda parábola es sobre una moneda perdida. Se trata de una mujer que tiene diez dracmas, pero pierde una dentro de la casa; entonces enciende la luz y barre la casa hasta que encuentra la dracma perdida; y después que la encuentra, llama a sus amigas y se regocija por haberla hallado. Por último, está la famosa parábola del hijo perdido. Esta parábola es muy similar a las dos primeras, pues también nos habla de pérdida. Un joven que lo tiene todo pide adelantada la herencia a su padre y se va; después de despilfarrarlo todo, se queda sin sustento y regresa a casa arrepentido. Entonces el padre hace una gran fiesta, porque el hijo perdido ha sido hallado, al igual que la oveja y la moneda.

El punto de la discusión de Jesús con los religiosos de su época radica en el amor de Dios por el alma perdida. En los tres casos mencionados, hay algo que se pierde, alguien que se preocupa por lo que se perdió y una gran fiesta después que aquello es encontrado. En esta enseñanza hay un asunto sobresaliente, al cual Jesús pone mucha atención: la oveja perdida. En los tres casos Jesús ilustra al pecador perdido; pero también resalta tres clases de oveja perdida: la que se pierde porque se descarría, la que se pierde en la misma casa y la que se pierde porque teniéndolo todo no sabe valorarlo y abandona la casa de su padre. Por cuestión de espacio, sólo nos enfocaremos en los elementos de la parábola de la oveja perdida.

2. Una historia de restauración.

La historia de la oveja perdida o descarriada está en Lucas 15:4–6. No tenemos mayores detalles de por qué la oveja se pierde, es decir la razón del incidente; pero al menos podemos apreciar tres aspectos importantes de la historia. Primero, el hombre que tiene cien ovejas se da cuenta de que una se le ha perdido. Consideremos aquí que él tuvo que contar las ovejas para poder saber que eran cien y darse cuenta de que le faltaba una. Si él no hubiese hecho una cuidadosa o minuciosa investigación, nunca hubiera notado la falta de una oveja. En segundo lugar, este pastor deja a las noventa y nueve en el desierto, va tras la que se perdió y la busca hasta encontrarla. Aquí hay que considerar que él no esperó hasta llegar a la casa para contarlas. Él está pendiente de sus ovejas y en el mismo momento que descubre que la falta de una, sale a buscarla dejando a las noventa y nueve en el lugar donde siempre pastan. Mateo ofrece un poco más de luz al decir que el pastor va por los montes (Mateo 18:12) buscando la oveja perdida hasta hallarla. Lo tercero es la celebración por haber hallado a la oveja. Después que la encuentra, el pastor regresa a casa gozoso y hace fiesta con sus amigos por haber encontrado a la oveja.

En esta parábola, la oveja perdida representa a aquellos que no eran considerados de valor por los judíos. En Israel realmente no se preocupaban por las almas perdidas, ni por ir a buscarlas. La oveja perdida también es símbolo de las almas perdidas de hoy y, aunque el texto sólo se refiera a una, la realidad es que en el mundo hay muchísimas almas perdidas. A los ojos de Dios, esta historia indica el valor de una persona y cuánto se preocupa Él porque ésta sea hallada. Dios siente compasión por el alma perdida, pero una compasión que no es superficial ni basada en intereses propios o ajenos. Fue su verdadera compasión la que lo llevó a dejar su trono de gloria y venir a este mundo. La verdadera compasión es la que lleva al pastor a salir al campo y buscar con dolor a la oveja descarriada.

Lo presentado anteriormente nos plantea un asunto fundamental en el cuidado de las ovejas. Primero, nos presenta a un pastor que ama a las ovejas y que está dispuesto a salir por los montes a buscar a la que se ha descarriado. En segundo lugar, ilustra el gozo y la alegría de encontrar a dicha oveja, lo que a su vez pone de relieve la importancia o el valor de la oveja para el pastor. En resumen, la parábola de la oveja perdida conceptúa a la pastoral como un asunto de la máxima importancia en la retención de los miembros de la iglesia. Hablaremos de ello en el siguiente inciso.

II. Entendiendo la labor pastoral

1. El llamado del Pastor.

Para ser Pastor hay que tener un llamamiento supremo, un llamado de Dios. Dios es quien llama a los servidores que va a usar para pastorear a su pueblo. Entre los muchos ejemplos que podemos usar de la Biblia en relación a este tema, tenemos el de Moisés, a quien Dios llamó de en medio de una zarza ardiendo (Éxodo 3:10). Dios llamó a Moisés para que fuera el libertador de Israel y para dirigir a ese pueblo hacia la tierra prometida, la tierra que Dios le había mostrado a Abraham. Después de recibir este llamado, Moisés se convirtió en un gran pastor del pueblo de Dios. Del mismo modo, Dios continúa llamando hoy a pastores que dirijan a cada creyente en la jornada o viaje que éste ha comenzado cuando dejó el mundo, y que ha de terminar en la Nueva Jerusalén —el Cielo.

2. Los pastores son dados por Dios.

Dios dio pastores a su pueblo y éstos deben pastorear de acuerdo al corazón divino (Jeremías 3:15). Con lo anterior en mente, se debe considerar que los pastores son establecidos por Dios y que Dios trabaja en sus corazones para que sientan y amen a las ovejas tal y como él lo hace. En la Biblia tenemos también el gran ejemplo de David, quien fue llamado por Dios no sólo para que fuera el rey de Israel, sino también un pastor y príncipe para su pueblo (1º Samuel 13:14). Y David demostró muchas veces por qué Dios dijo de él que era un varón conforme a su corazón. El buen corazón de David quedó evidenciado muchas veces; por ejemplo, cuando mandó a llamar a Mefi–boset, hijo de Jonatán y nieto de Saúl, para "hacerle misericordia". David trajo a Mefi–boset al palacio, le sentó en su mesa y le restauró sus propiedades (2º Samuel 9:1–10).

3. Entendiendo el trabajo pastoral.

Es importante que la gente conozca y considere al menos un poco el trabajo pastoral. Hay muchas personas que piensan y se preguntan: ¿Qué es lo que hace el Pastor? Conocer las responsabilidades del Pastor ayudará a la gente a conectarse con su Pastor, a tener abiertas las vías de comunicación con él.

a) El primer trabajo del Pastor es apacentar. Esta afirmación puede notarse muy bien en el pasaje bíblico de Jeremías 3:15, donde Dios promete proveer a su pueblo pastores que lo apacienten con ciencia e inteligencia. La palabra que aquí se traduce como apacentar es *bosko*, que significa alimentar. El pastor da el pasto a las ovejas; él guía a las ovejas adonde está la comida. Apacentar es por lo tanto una tarea vital que el pastor cumple. Uno de los salmos favoritos de los creyentes es el 23. Éste habla del buen pastor y —aunque muchas veces este conocido salmo se usa en funerales— su tema principal es el cuidado que un pastor presta a sus ovejas. "En lugares de delicados pastos me hará descansar" (verso 2). Aquí se aprecia esta labor pastoral de facilitar el alimento o comida al rebaño. Y enseguida agrega: "Junto a aguas de reposo me pastoreará". Este es un salmo que nos presenta a Dios como nuestro pastor, pero también uno que alude o refleja el sentimiento de gratitud de la oveja para con su pastor. La oveja bien alimentada estará siempre agradecida con su pastor.

b) El trabajo del Pastor también es cuidar. Otra labor que realizan los pastores es cuidar. El apóstol Pedro aconseja a los pastores a que apacienten la grey de Dios y cuiden de ella, no por fuerza, sino voluntariamente. También les advierte que lo hagan no por dinero, sino con buen ánimo, con alegría y sin "enseñorearse" de la congregación; es decir, no abusando de su autoridad (1ª Pedro 5:2–3). Pedro pasó por la escuela de Jesús y allí adquirió su experiencia a través de un duro entrenamiento, que resultó en un llamado directo o delegación de Jesús de pastorear a su rebaño. Es interesante notar que Jesús le pregunta tres veces al Apóstol si lo ama, y Pedro le contesta afirmativamente en cada oportunidad. En este interesante diálogo podemos ver que el amor hacia Jesús tiene una estricta relación con el cuidado de las ovejas, pues en las tres preguntas de Jesús a Pedro sobre si lo ama, le encomienda que pastoree a sus ovejas (Juan 21:15–17).

c) El trabajo del Pastor consiste en velar por las almas. Un elemento bíblico a considerar aparte de los ya mencionados es el de "velar por las almas". El escritor del libro de Hebreos exhorta al pueblo a obedecer a los pastores y a sujetarse a ellos, ya que ellos velan por sus almas y han de dar cuenta delante de Dios por cada persona que está bajo su cuidado (Hebreos 13:17). El término "velar" guarda una estrecha relación con la idea de quedarse despierto en la noche, en vigilia y observando. Eso es precisamente lo que hacen los pastores por sus ovejas. Concluimos mencionando que el Pastor es aquel hombre llamado por Dios para apacentar el rebaño del Señor en este caminar hasta llegar a la tierra prometida. Para eso ha sido llamado y esa es la vocación que ha recibido de parte de Dios.

4. Los problemas de la pastoral.

Es importante hablar también de algunas cosas no deseadas que ocurren en el trabajo pastoral. Sería muy agradable que el Pastor sólo tuviera que predicar, enseñar y velar por el pueblo de Dios, pero desafortunadamente el Pastor también tiene que hacer frente a muchas situaciones para nada deseables. Al analizar la vida de Moisés y la travesía que duró cuarenta años por el desierto, podemos encontrar una enseñanza muy grande en el trayecto, dada la infinidad de problemas que debió enfrentar. Moisés tuvo que soportar murmuración, crítica, falta de respeto e incredulidad; además de hacer frente al desánimo del pueblo. Todo eso sumado a las inclemencias del desierto y los obstáculos del terreno. Lamentablemente, no todas las personas que asisten a la iglesia comprenden que la pastoral es una trayectoria llena de problemas, dificultades y situaciones que a veces se tornan complicadas. Muchos tampoco entienden que el Pastor no es capaz de resolver todos los problemas, y que hay cosas que sólo Dios puede resolver.

5. Los pastores deben ser comprendidos.

En este punto deseamos enfatizar la importancia de que los miembros comprendan la seria responsabilidad que pesa sobre el hombre de Dios. Es preciso que el pueblo de Dios entienda y comprenda a su Pastor. Hay muchas cosas que se deben considerar, algunas de las cuales examinaremos a continuación; cosas que si fueran tomadas más en cuenta, seguramente cambiaría la mentalidad de muchos respecto de su Pastor.

a) El Pastor es un ser humano. Algunos piensan que

el Pastor es un súper hombre; que tiene la fuerza de Sansón, la sabiduría de Salomón, la inteligencia de Pablo, el poder de Elías y de Pedro. ¡Pero no! El pastor es un hombre de carne y hueso como todos los demás.

b) El Pastor no es perfecto. Hay congregaciones que quieren un pastor perfecto; que tenga todos los atributos divinos y cualidades de un gran hombre de Dios. Pero la verdad es que nunca será así. El Pastor no es perfecto y quizás va a cometer infinidad de errores —por lo menos aparentemente. Lo que muchas veces sucede en realidad es que al estar al frente, bajo la luz, los errores del Pastor se ven más fácilmente. Pero si comparamos los errores de él con los de cualquier miembro de la iglesia, seguramente éstos son tanto o más grandes que aquellos.

c) El Pastor también tiene problemas. Quizás esto sea lo último que mucha gente imagina. Hay quienes piensan que el Pastor nunca tiene problemas, nunca enferma, ni tiene que pagar cuentas, y otras cosas por el estilo. Lo contrario es lo cierto: el Pastor también llevas muchas cargas; también es atacado por el desánimo, las enfermedades y los sufrimientos. Pero sin duda que los problemas más grandes del Pastor no son estos, sino los que mencionamos primero: la crítica, la falta de apoyo y la incomprensión. Por eso los miembros de la iglesia deben orar siempre por su Pastor, para que Dios le ayude, le dé dirección y provea fuerzas.

d) El Pastor también se cansa. Quizás el ejemplo más claro de esto lo encontramos en Éxodo 17, cuando Moisés y el pueblo de Dios se tuvieron que enfrentar a Amalec. Moisés, Aarón y Hur subieron a la cumbre del collado a interceder en oración, mientras Josué con el ejército se fueron a pelear contra Amalec. En un extraordinario ejemplo de labor del líder espiritual del pueblo de Dios, se nos relata que, cuando Moisés levantaba las manos al cielo, Israel prevalecía contra el enemigo; pero cuando Moisés las bajaba, el enemigo prevalecía contra Israel. Después, cuando Moisés se cansó y comenzó a bajar las manos, Josué empezó a perder la batalla. Y cuando Aarón y Hur se dieron cuenta de lo que estaba sucediendo, decidieron levantarle las manos al siervo de Dios. Y esa fue la única manera en que Israel pudo obtener la victoria y deshacerse del ejército de Amalec (leer la historia completa en Éxodo 17:8–16). Sirva este ejemplo bíblico para comprender que, cuando el siervo de Dios se cansa y "baja sus brazos", el pueblo perece. Esto es algo que sucede continuamente en nuestras iglesias. Son muchas las ocasiones en que el Pastor está muy fatigado por la multitud de quehaceres y es precisamente en ese momento cuando requiere la comprensión y ayuda del pueblo del Señor; pues como hombre, él también se cansa y debilita.

IV. Conclusión

Como hemos podido observar en este capítulo, Dios se preocupa por cada oveja que se pierde y él tratará de rescatarla a toda costa, es más, el mismo Dios ha provisto a la Iglesia de pastores para que cuiden y alimenten al rebaño. Sin embargo, también se ha considerado que muchas veces el trabajo pastoral es difícil y el siervo de Dios se cansa, se enferma y se debilita. Es por eso que el cuidado pastoral debe ser compartido, no solo con los líderes sino con la iglesia en general. En definitiva, el asunto de trabajar en un sistema para retener a los creyentes en el reino de Dios es y debe ser algo compartido entre el Pastor, los líderes y la iglesia en general, como observaremos en el siguiente capítulo. Baste por ahora mencionar que la pastoral no es trabajo de uno solo sino de los muchos a quienes ha llamado el Señor para hacer esta noble labor.

CAPÍTULO 10

Alternativas Pastorales

Tomando en consideración los puntos anteriores, afirmamos que el cuidado pastoral se debe interpretar como el estar atentos a las necesidades de las ovejas; esto es, alimentarlas, cuidarlas y velar por ellas. Al hablar de cuidado pastoral, la primera asociación que se hace es por lo general con el Pastor de la iglesia; y está bien, porque él es el primer responsable del cuidado de las almas. Sin embargo, una sola persona no es capaz de cuidar a toda la gente, por lo que se debe trabajar en una pastoral incluyente, una que utilice a la mayor cantidad posible de personas para ese trabajo. Esta idea se inscribe en el marco de la doctrina bíblica del sacerdocio de todos los creyentes en Cristo. Alberto Roldán señala la importancia del modelo del sacerdocio de todos los creyentes, quienes han sido investidos con carismas o dones del Espíritu Santo. Los carismas hacen a la vida y a la misión de la Iglesia; son las capacidades dadas por Dios, el equipamiento de los santos para realizar el ministerio y edificar el cuerpo de Cristo para su servicio al mundo.[78] En este capítulo presentaremos una propuesta para ayudar a pastorear más efectivamente a los miembros de la

[78] Alberto Roldán, *La Iglesia como agente de transformación,* 114.

iglesia; una iniciativa que tiene que ver con la descentralización del ministerio, el uso del liderazgo y la labor de los grupos pequeños.

I. ¿Qué es la descentralización?

Según el Dr. Augusto Rodríguez, la descentralización fue una de las mayores tendencias en los 80's y 90's. Rodríguez dice que la descentralización "es la forma en que las personas reaccionan a la falta de 'una solución desde el tope hacia abajo'."[79] En otras palabras, los de abajo comienzan a buscar las soluciones que a veces no vienen de arriba. Por muchos años, nuestros pastores han dejado sus vidas en el trabajo pastoral. Algunos de ellos han muerto en el desempeño de su labor. Nosotros creemos que este triste fenómeno se debe en gran medida a que muchos pastores tienen demasiado trabajo; hacen demasiadas cosas, y cosas que otras personas debieran estar haciendo. No estamos hablando de un fenómeno nuevo realmente, pues ya en la Biblia se hallan varios ejemplos de sobrecarga de trabajo pastoral y ulterior descentralización. Quizás el caso más particular y claro sea el de Moisés, quien tuvo que ser aconsejado por su suegro Jetro acerca de este particular. Moisés hacía todo el trabajo de liderazgo y estaba llegando al límite de desfallecer por causa del cansancio, hasta que entendió que debía delegar tareas en los príncipes de Israel (Éxodo 18:14–26). Los Apóstoles tuvieron que llamar la atención de la iglesia y designar diáconos para hacer las labores domésticas, y ellos poder dedicarse a la oración y la ministración de la Palabra (Hechos 6:1–6). Entonces, la descentralización puede entenderse como repartir el trabajo y las obligaciones entre el pueblo, de modo que el trabajo que antes hacía uno solo, ahora sea compartido por muchas personas.

---

[79] Augusto Rodríguez, *programa de Curso EV519 Evangelismo entre hispanos*, Fuller Theological Seminary, Pasadena CA. 2008, 7.

II. Los beneficios de la descentralización

Descentralizar el ministerio produce muchos beneficios, ya que por un lado permite que la carga sea más fácil para el Pastor; y por el otro, que el Pastor se multiplique en otras personas. Leonardo Boff menciona un ejemplo de la iglesia católica en Brasil, donde un sacerdote se veía imposibilitado de ir a dar el catecismo y las misas a sus miembros en una comunidad apartada. Ellos querían asistir a una iglesia, pero cuando se acercaban a alguna iglesia cristiana, se encontraban con templos llenos, donde no había espacio para ellos. Entonces comenzaron a juntarse una vez al mes para leer la Biblia, cantar y leer el catecismo. Cuando comprendieron que podían hacerlo sin estar un sacerdote presente, comenzaron a reunirse una vez por semana. ¿Qué fue lo que sucedió? Provocaron la descentralización del ministerio. El sacerdote sólo venía para oficiar los sacramentos, y entre visita y visita de éste, el pueblo hacía el trabajo.[80] Ese es precisamente el gran beneficio de la descentralización: que pone el ministerio en manos de aquellos que tienen hambre de servir a Dios.

Otro beneficio en la descentralización es que previene la fatiga y el cansancio pastoral, pues permite al Pastor descansar un poco del trabajo que tiene que hacer; así, él puede ser más efectivo en su labor y su iglesia aumenta la fuerza de alcance. Hoy en día tenemos muchos pastores cansados, frustrados y quemados por tanto trabajo que hacen. Consideramos que eso no debe de ser así, pues Dios también ha capacitado a la membresía y le ha dado dones para que desarrolle muchos de esos trabajos. Kung dice que la Iglesia de Dios está compuesta por elegidos, santos, discípulos y hermanos, pero que todos forman parte de un sacerdocio universal. Realmente, todos pueden hacer el trabajo de la iglesia. Dice el pastor Mario Oseguera: "No es lo mismo un solo

---

[80] Leonardo Boff, *Ecclesiogenesis* (Maryknoll, New York: Orbis Books, 1996), 3-4.

pastor que trescientos". El pastor Oseguera cuenta con trescientas ochenta células en Pomona, California, EE.UU.

III. Mitos y obstáculos de la descentralización

Existen muchos mitos y obstáculos respecto a la descentralización y por esa causa ésta no se pone en práctica en muchas iglesias. Un mito bastante común es que los líderes de células no tienen la capacidad o la formación necesaria para realizar el trabajo o labor pastoral. Otro mito es que los líderes celulares no son llamados por Dios para liderar o pastorear un grupo pequeño. Pero, ¿cómo podríamos estar seguros de su llamamiento o no? Y existe el mito de que los líderes de célula pueden crear divisiones en la iglesia; ya que, al dividir la congregación en pequeños grupos, aumenta la probabilidad de división. Además, existen algunos obstáculos que se presentan a la hora de intentar llevar a cabo la descentralización del ministerio, comenzando por la clase de liderazgo que tenga el Pastor y también la seguridad que él tenga de su llamado. Algunos pastores son cerrados, herméticos, cuando se trata de compartir el trabajo; otros son demasiado cautelosos para delegar su autoridad en los líderes celulares. Por eso algunos pastores, cuando se levanta un líder con potencial en su congregación, simplemente lo bloquean.

Estos y otros mitos no son sino productos del temor, la inseguridad y tal vez la falta de conocimiento del Pastor respecto al tema. Creo que es bueno que el Pastor mantenga en mente que, si Dios lo puso en esa posición, nadie lo podrá desplazar u ocupar su lugar; pues él está allí por Dios y sólo Dios lo puede remover. Además, cuando se le da oportunidad a otros para que hagan parte del equipo, les estamos permitiendo desarrollar el potencial que tienen.

IV. Los grupos pequeños como alternativa de retención

Otra alternativa para ayudar en el trabajo pastoral es el trabajo que desarrollan los grupos pequeños. En esta línea de pensamiento, los líderes de los grupos pequeños ayudan en el trabajo pastoral de cuidar el rebaño. El trabajo de los grupos pequeños es muy importante, pues crea una descentralización del ministerio. En otras palabras, los grupos pequeños quitan la mayor parte del trabajo de las manos de unos pocos en la iglesia y se lo entrega a muchos, lo cual vuelve a la iglesia más productiva. William Beckham señala que los líderes son llamados por Dios para la importante tarea de nutrir a las ovejas y cuidarlas.[81] Por lo tanto, se recomienda trabajar una pastoral que incluya a los ministros y líderes de los grupos pequeños para que ayuden a cuidar y velar por toda la gente de la Iglesia.

V. Los líderes celulares ayudan en el trabajo pastoral

El trabajo celular no puede hacerse sin líderes. Los líderes celulares juegan un papel muy importante en el sistema celular, pues hacen gran parte del trabajo pastoral. Las células son el lugar donde ellos pueden realizar su ministerio a cabalidad. Cada líder celular encuentra su verdadera vocación cuando puede desarrollarse libremente utilizando los dones del Espíritu en su área de trabajo. Además, es importante entender que cada líder celular se torna en un "pastor" al hacer exactamente las mismas labores que realiza el Pastor de la iglesia, sólo que en un contexto más reducido, como lo es el de una célula. Hombres y mujeres pueden hacer esta labor, pues el trabajo está diseñado para que ambos, tanto mujeres como hombres, desarrollen la actividad pastoral unidos a su Pastor. Muchas veces se subestima el potencial de las mujeres, pero Elisabeth Schüsser dice que las mujeres juegan un papel muy

---

[81] William A. Beckham, *La segunda Reforma,* (Barcelona: Editorial CLIE, 2004), 90.

importante en el trabajo misionero. Esto lo vemos en la Biblia. Las mujeres, desde que Jesús comenzó la Iglesia junto con los doce, siguieron a Cristo en su recorrido y estuvieron cerca de él —aun cuando los doce lo abandonaron en la crucifixión—continuando presentes durante el desarrollo de la iglesia primitiva.[82]

VI. Los líderes celulares cumplen los propósitos básicos de un pastor

Cuando vemos a los líderes celulares desempeñar su trabajo, podemos darnos cuenta que son como pequeños pastores. Comiskey dice que en el líder celular se cumplen los cinco propósitos fundamentales de un pastor, como vemos a continuación.

1. Cuidar de las ovejas. El líder visita a las ovejas, las aconseja, ora por ellas, se preocupa por ellas; además es responsable ante el Pastor por las ovejas a su cargo.

2. Conocer a las ovejas. Puesto que en una iglesia grande es imposible que un Pastor conozca los nombres de todas sus ovejas, la afirmación expresada en Juan 10:14–15 solamente se puede cumplir por medio de un líder celular.

3. Buscar a las ovejas. Es el líder de célula el que se ocupará de buscar a todas aquellas ovejas que se le han confiado. Así como el pastor bíblico busca a las ovejas descarriadas y va por los valles y montañas, el líder celular desarrollará la importante y noble misión de buscar a las ovejas perdidas y regresarlas al redil.

4. Alimentar a las ovejas. A través de la enseñanza semanal, el líder alimentará a las ovejas que, como hemos visto, es

[82] Elisabeth Schüsser, *Discipleship of Equals,* (Crossroad, New York: The crossroad publishing Company, 1998), 107–116.

una de las labores más importantes de un pastor. El traer la comida a las ovejas es una labor de privilegio que Dios permite a los líderes celulares cumplir.

5. Proteger a las ovejas. Por último, el líder celular es quien tendrá que enfrentarse en forma directa al enemigo de las almas, para proteger a las ovejas de sus artimañas; él sabe cuándo y cómo es que las debe proteger.

VII. Conclusión

Como pudimos observar en este capítulo, el Pastor no puede, ni debe llevar a cabo él sólo todo el trabajo de pastorear a los miembros de la iglesia. Por lo tanto, la alternativa de la descentralización es muy efectiva y fructífera para cualquier iglesia que se haya dado a la importantísima tarea de ganar a los perdidos para Cristo y retenerlos. El desafío de la retención es de suma importancia para toda iglesia que se preocupa por cumplir con la gran comisión de Jesús de predicar el evangelio y hacer discípulos en todo el mundo. Por lo tanto, se debe considerar lo siguiente:

Primeramente, se debe identificar y admitir el problema de la deserción, pues muchas veces se ignora o subestima, debido a que los nuevos miembros que van llegando reemplazan a los que se han ido. En segundo lugar, se debe aceptar el hecho de que algunas personas inevitablemente se irán de la iglesia, por las razones que sean. Por lo tanto, y aunque lo ideal sería que presentemos únicamente reportes de bautismos y no de pérdidas, el hecho de la deserción es algo que se debe asumir. Para identificar el fenómeno, recomendamos que se hagan las siguientes preguntas: ¿Cómo está la iglesia local referente a la deserción? ¿Quiénes se están yendo? ¿Por qué se están yendo? ¿Cuál es la percepción acerca de la deserción? ¿La gente se va porque no la atendemos? En tercer lugar, una vez que se ha identificado el problema, la iglesia debe plantearse el plan de acción que debe tomar al respecto. Algunas preguntas como estas pueden ayudar: ¿Qué procedimiento sigue la iglesia cuando se van? ¿Cuál es el siguiente paso que daremos?

Este trabajo debe ayudar a los líderes de la Iglesia a revisar la teología sobre la misión de la Iglesia y las prácticas del ministerio, las cuales pueden ayudar o perjudicar en este proceso. En ocasiones, la iglesia tiende a ser muy exclusiva; en otras, muy inclusiva. De acuerdo a Wuthnow, los primeros creen que sólo ellos van a ir al Cielo y por eso excluyen a mucha gente; los segundos en cambio tienden a ser liberales y todo lo permiten.[83] En este sentido, ¿cuáles son los valores de la iglesia? ¿Es culpa de la iglesia que la gente se vaya? ¿Cómo está la pastoral? Y por último, este trabajo debe ayudar a la iglesia a valorar a las almas por las cuales Cristo murió en la cruz del Calvario; ayudarnos a tener el corazón de Cristo, uno a favor de aquellos que, aunque sean pecadores, continúan siendo la razón por la que él dio su vida.

[83] Robert Wuthnow, *America and the Challenges of Religious Diversity*, (Princeton, NJ: Princeton University Press, 2005), 159–164.

CAPÍTULO 11

El Perfil De Un Desertor

Quizás una de las ayudas más efectivas para todo pastor y líder de la iglesia consista en tener alguna lista de señales o cuadro de síntomas que le indique que un miembro de la iglesia es candidato a desertar. Aunque el hecho de que una persona se aleje de la iglesia es algo difícil de predecir, sí se pueden observar ciertos patrones de conducta y actitudes que nos enseñan que una persona está caminando en la línea de la deserción. Consideremos algunas actitudes de parte de aquellas personas que son propensas a la deserción.

I. La persona no cursó las clases de preparación doctrinal

La preparación doctrinal es fundamental para que una persona permanezca en la iglesia sirviendo a Dios. Cuando alguien no se prepara para ser bautizado o para comenzar la vida cristiana, corre el riesgo de ser arrastrado por las corrientes de doctrinas que hay en el mundo religioso exterior. Se ha observado a través del tiempo que aquellas personas que no se han preparado doctrinalmente, no tendrán conocimiento y mucho menos la destreza para poder hacerle frente a las diferentes ideas doctrinales que se le presenten. En ocasiones, las personas se emocionan en un culto o actividad de evangelización y piden el bautismo; quieren servir a Dios, pero no están dispuestos a pasar por un curso de preparación para bautizarse. Desafortunadamente muchos pastores se emocionan con estas decisiones y bautizan a la gente sin prepararlos. Aunque esto podría evaluarse desde otras perspectivas —y ciertamente hay líderes o pastores cuya postura o escuela de pensamiento en este tema es que se debe aprovechar el momentum de la persona— pero la historia nos dice que la preparación es fundamental para que el nuevo creyente permanezca en la iglesia. Como vimos, según Justo González la preparación previa al bautismo era la práctica común de los primeros cristianos. Ellos preparaban concienzudamente a los que se iban a bautizar.[84]

II. La persona nunca se conectó con la Iglesia

La conexión es uno de los elementos más importantes para que una persona se quede en la iglesia. La conexión se debe entender como aquella relación que tiene una persona con el Pastor, el ministerio y la congregación en su totalidad. Además, también se debe interpretar como la necesidad de convivencia que alguien puede y necesita tener con su congregación. Por lo general se ha observado que aquellas personas que no se conectan con su iglesia son propensas a dejarla, ya que no sienten real necesidad de la misma. Por lo tanto, a la hora de decidir abandonarla no hay nada que les detenga. Debemos recordar que la iglesia primitiva era fuerte precisamente porque tenían una comunión bien establecida y eran creativos en la forma de conectar a la gente. Esto por lo general giraba en torno a las necesidades de los hermanos y el mecanismo que la iglesia usaba para suplirlas (Hechos 4:32–34). Entonces, la señal que se debe observar es la desconexión con la congregación en su totalidad y también con los diferentes grupos

[84] Justo González, *Breve historia de la preparación ministerial*, (Barcelona, España: Editorial CLIE, 2012), 22–25.

internos de la iglesia. Un ejemplo de esto se puede ver en un joven que llega a la Iglesia, se une a ella, pero no conecta con el líder del departamento juvenil. Se le invita a participar, pero no acepta; se le trata de incluir, pero no quiere; se le trata de integrar, pero lo rechaza. He ahí un fuerte candidato a desertar. En este punto no se debe descartar que la iglesia también puede estar fallando en un buen sistema de integración o en una forma amigable para que la persona se involucre. Es decir, no siempre se estimula lo suficiente a la gente para que se involucre.

III. La persona no participa de la adoración del culto

El otro elemento que se observa en estas personas que terminan yéndose de la iglesia es la apatía y desconexión con lo más importante que hace la iglesia, que es la adoración. El culto a Dios, la adoración que se rinde a Dios en el mismo, es el centro de lo que la iglesia hace en cada servicio. En la iglesia cristiana tradicional, el culto de adoración es el centro de la actividad en general. Un culto involucra música, predicación, el llamamiento al altar y la ministración al pueblo en general. Sin embargo, si una persona no siente la mínima atracción al mismo, entonces estará desconectada de la actividad más importante que realiza la iglesia en el templo. Se ha observado que aquellos que no tienen la experiencia de la adoración en la iglesia, ni disfrutan de la predicación de la Palabra y mucho menos de la ministración del altar, no sólo están desconectados, sino que también tienen una frialdad espiritual la cual hará que no se puedan sostener cuando venga cualquier tormenta a sus vidas. No se puede dejar a un lado el que quizás la iglesia tenga también un sistema de liturgia anticuado, el cual desaliente a la congregación de participar activamente en la misma. En una instancia así, se le debe conceder el beneficio de la duda al desertor. Nadie que se va de la iglesia debiera ser criticado de ningún modo, pero mucho menos si lo hace porque tal iglesia no estimula al congregante a la adoración a Dios y a la participación de un culto vivo al Dios Todopoderoso. En este caso específico, el desertor tiene razón.

IV. La persona es inconstante en la asistencia a los cultos y actividades de la Iglesia

Otro síntoma evidente de un desertor es la inconstancia en su asistencia a los servicios de la iglesia y a las actividades que la misma lleva a cabo como parte de su quehacer semanal. El culto es un termómetro que mide la temperatura de la gente, pero también lo son las actividades varias que desarrolla la iglesia, que pueden ser —pero no están limitadas a— reuniones y eventos de los departamentos o grupos auxiliares de la congregación tales como damas, caballeros, jóvenes y niños; o actividades misioneras, comunitarias, de asistencia social o recreación. La iglesia constantemente lleva a cabo eventos para mantener la comunión y unidad de sus miembros; actividades destinadas a involucrar a toda la congregación, para que la misma se sienta parte de todo lo que la iglesia ha sido mandada a realizar. Una persona desconectada de la iglesia, de los grupos y de las diferentes actividades, no solo estará "desenchufada", sino que carecerá de una razón valedera para permanecer en la congregación. Las personas que están activas trabajando en todo lo que hace la iglesia, por lo general se sienten útiles e inseparables de la iglesia del Señor. Dijo una vez un hombre que no tenía familia en el pueblo: "Lo único que me mantiene viviendo aquí es esta iglesia".

V. La persona siempre está quejándose de la iglesia

La iglesia no es perfecta y nunca lo será; tampoco va a proveer para todas las necesidades de la gente, pues eso sería imposible. La iglesia hace lo que puede para ayudar y proveer lo que la gente necesita. Sin embargo, hay personas que van a la iglesia con la expectativa de que ésta les provea todo lo que necesitan; y cuando la iglesia falla en hacerlo, entonces comienzan las quejas. Cuando la gente se queja del sonido, de la música, del tipo de adoración, del transporte, del estacionamiento y aun de la forma que viste el Pastor, tenga usted por seguro que ese es un futuro desertor. La experiencia de Moisés con el pueblo de Israel por el desierto es el ejemplo más claro de que al pueblo nunca se le puede tener del todo contento; por lo tanto, la gente debe estar entrenada para ello. El tipo de mentalidad de una persona que se queja es el del egoísta que sólo piensa en sí mismo y no en los demás. Este tipo de mentalidad tiene ideas equivocadas acerca del porqué y el para qué existe la iglesia. Además, esta es precisamente una de las tendencias que está dominando al mundo religioso el cual demanda atención, estrecho cuidado y sobre todo que se suplan sus necesidades. No debemos mal interpretar este asunto, ya que la iglesia debe proveer todo eso y más; sin embargo, esto no debe convertirse en una exigencia y mucho menos en un pretexto para que alguien la abandone cuando no está contento con lo que recibe de ella.

VI. El aislamiento

Otro de los elementos a considerar es cuando las personas viven aisladas de la iglesia y de los líderes, y más específicamente del Pastor. Cuando una persona está aislada de quien le puede ayudar en sus adversidades, es muy probable que no reciba la ayuda en el momento en que más la necesite. Por otra parte, es muy posible que, cuando la necesite, vaya a buscarla donde no le conviene. Acuérdese de lo que le sucedió a Roboam, el hijo de Salomón, que pidió consejo a sus amigos de la infancia en lugar de pedírselo a los ancianos de Israel. Aquello causó la división del reino (2º Crónicas 10:1–16). Algunas personas se aíslan porque tienen situaciones en sus vidas que no han sido resueltas; pero como no comunican eso a su Pastor o a su líder inmediato, no reciben la ayuda oportunamente. Por eso es fundamental que se instruya a los nuevos miembros a abrir puertas de comunicación, para que se les pueda ayudar. El aislamiento es muy peligroso para un creyente pues lo pondrá en una zona de peligro ya que solo no podrá sobrevivir en un mundo que cada día se pone mas difícil.

VII. El crecimiento espiritual

El elemento más importante en la vida del cristiano es su crecimiento personal como hijo de Dios. Esto se logra mediante el estudio de la palabra de Dios, la oración, el ayuno y sobre todo recibiendo las enseñanzas apropiadas para el crecimiento. Cuando la persona no se esfuerza por nutrirse y crecer en su vida cristiana, termina fracasando en su vida espiritual. Eso es precisamente lo que Pablo quería erradicar de la iglesia en Éfeso. En su carta a esos hermanos, les pide que crezcan y ya no sean niños fluctuantes, *"llevados por doquiera de todo viento de doctrina"* (Efesios 4:14). Por lo tanto, si se quiere permanecer sirviendo a Dios, firme contra todo viento de doctrina que pueda venir, lo que se debe hacer es estimular el crecimiento espiritual. Se ha observado que aquellos hermanos que se preocupan por su crecimiento espiritual son los que permanecen en el camino del Señor y los que avanzan en su vida cristiana.

VIII. Conclusión

Como se ha podido observar en los siete puntos mencionados, los candidatos a la deserción evidenciarán cierta sintomatología, lo que ayudará al líder a identificarlos y desarrollar una estrategia apropiada para ayudarlos en cada caso particular. Conviene también que los servidores de la iglesia se acerquen amigablemente a aquellos que caminan en la línea de la deserción y procuren estimularlos a realizar lo que hablamos en el capítulo de la comunión cristiana, como una muy buena forma de prevenir la deserción.

CAPÍTULO 12

Cambiando La Cultura Expulsiva De La Iglesia

Uno de los problemas que tiene la iglesia en referencia a la retención de los miembros es sin lugar a dudas la actitud expulsiva de la congregación. Al menos, en este estudio se ha llegado a comprender que uno de los factores que hace que la gente se vaya de la iglesia tiene que ver con problemas con o dentro de la misma. Sin embargo, para poder entender mejor esta situación es necesario considerar algunas cosas que presentaremos a continuación.

I. La cultura expulsiva

Se puede entender como una cultura expulsiva aquella acción, actitud o práctica de una iglesia que expulsa, empuja o abre la puerta para la salida de la gente de la congregación. Se le puede llamar cultura, ya que por lo general se pasa de generación a generación, o también porque se vuelve una práctica muy común en cierta congregación. Con esto en mente, se puede determinar que una persona no va a sobrevivir mucho tiempo en una congregación con este tipo de actitud ya que es muy común que, por causa de esa práctica, la persona sea expulsada de la iglesia, o dicha persona busque y encuentre una salida para liberarse de la misma.

II. Características de la cultura expulsiva

Aunque pueden ser muchas las cosas capaces de empujar a una persona fuera de la iglesia —voluntaria e involuntariamente— no obstante, una cultura expulsiva ha de tener por lo menos alguno de los siguientes elementos:

1. Racismo. El racismo puede interpretarse como aquella actitud en la cual se da cierta preferencia a una raza específica, ya sea por el color de la piel o por alguna otra descripción que tienda a mostrar diferencias apreciables entre individuos. El diccionario de la Real Academia Española define racismo de la siguiente manera: "Exacerbación (irritar, enfadar, pasión, molestia) del sentido racial de un grupo étnico que suele motivar la discriminación o persecución de otro u otros con los que convive"[85]. Alguien pudiera considerar que esto es imposible que pase en la iglesia, pero si Aarón y María fueron capaces de murmurar contra Moisés por causa de su esposa de él, que era una mujer cusita (Números 12:1), cuánto más podrá hacerlo alguien que no esté bien conectado con la iglesia y sienta rechazo hacia determina(s) raza(s). Un pastor hispano que estaba rentando un templo de una comunidad anglosajona, tuvo que enfrentar esta actitud un día que llegó para oficiar su servicio, y se encontró con que los administradores de la iglesia dueña del edifico habían colocado letreros en las diferentes cajas,

---

[85] Diccionario de la lengua española, bajo racismo, http://dle.rae.es/?id=V0WHEQ2. Consultado el 31 de Julio, 2017.

puertas y depósitos, que decían: "Anglos" e "Hispanos", en lugar de decir "Iglesia A" e "Iglesia B". Existen también otros tipos de racismo, tal como el político. Todo racismo afecta a la iglesia y crea divisiones muy profundas.

2. Sexismo. El sexismo debe entenderse como la discriminación de las personas basada en el sexo o género. Queramos o no aceptarlo, muchas veces el sexismo está presente y bien marcado en nuestras iglesias. Esto por lo general se observa en las preferencias hacia posiciones, salarios y otras cosas que pueden hacer pensar que cierto sexo es más fuerte o importante que el otro. Sin embargo, y aunque cada género tiene su rol y función dentro del cuerpo de Cristo, debemos reconocer que en Cristo ya no hay varón ni mujer, sino uno solo (Gálatas 3:28). El sexismo debe ser erradicado totalmente de la iglesia, para que todos se sientan incluidos y con los mismos privilegios que Dios ha otorgado a cada género, conforme a lo establecido en la palabra de Dios.

3. Nacionalismo. También podemos usar la palabra "patriotismo" para hablar de ese "sentimiento fervoroso de pertenencia a una nación y de identificación con su realidad y con su historia"[86]. Pero aunque este sentimiento es natural en cada individuo —por el amor que cada uno tiene hacia su nación— el nacionalismo se debe manejar con cuidado dentro de la iglesia, para no hacer diferencias y evitar las divisiones y los sentimientos negativos que eso podría causar, especialmente en los más débiles. Al igual que en el punto anterior, alguien podría argumentar que

[86] Diccionario de la lengua española, bajo Nacionalismo, http://dle.rae.es/?id=V0WHEQ2. Consultado el 31 de Julio, 2017.

tal cosa no puede suceder en nuestras iglesias, pero la respuesta es la misma que antes: hasta el apóstol Pedro hizo esa distinción entre judíos y gentiles, al grado de que Pablo le tuvo que hacer un llamado de atención (Gálatas 2:11–14). Esto sigue sucediendo en nuestras iglesias de hoy; y especialmente con el clima "antiinmigrante" que hoy se vive en los Estados Unidos de América. Aunque no queramos aceptarlo, el espíritu nacionalista se mete en las iglesias y divide a las congregaciones. Algo importante para reflexionar aquí, es que en Cristo no hay judío ni griego, ni esclavos, ni libres (Colosenses 3:11) pues en Cristo el Señor todos somos un pueblo, una nación y todos hemos sido comprados con su preciosa sangre. Por lo tanto, se deben derrumbar todas las barreras de nacionalismo y ponernos todos bajo una única bandera, que es la bandera Cristiana; pues todos somos ciudadanos del reino de Dios. Como dice la Escritura, nuestra ciudadanía está en el Cielo, con Cristo nuestro Señor (Filipenses 3:20).

4. Clasismo. Este es otro desagradable fenómeno que divide también a las iglesias y arroja afuera a los que no están "a la altura" de los demás. Entiéndase por clasismo aquella actitud discriminante de una persona o grupo hacia aquellos que no son de su misma clase social. Clasistas son aquellos que subestiman o rebajan a los demás porque tales personas no poseen los recursos económicos o el nivel social suficiente para alcanzar su nivel. Santiago hace un fuerte reclamo en su epístola contra esta actitud, ya manifestada en la iglesia de entonces. Para examinar este feo asunto, él pone el ejemplo de dos personas que entran a la iglesia, una vestida de ropa espléndida y anillo de oro, y otra pobre y con vestido andrajoso; y dice que entonces

se mira con agrado al de ropa espléndida y se lo sienta en las primeras filas, mientras que al pobre no se le mira del mismo modo y se le sienta a los pies del rico, en el estrado. Pregunta luego el escritor: *"¿No hacéis distinciones entre vosotros…?"* (Santiago 2:2–4). Estamos ante una porción bíblica muy poderosa, que mucho necesita ser aplicada en nuestros días, cuando "el glamour" y la actitud clasista se observan cada vez más en las iglesias, y las personas que asisten muchas veces tienden a juzgar a las demás según su apariencia o nivel social. Todos los que asisten a la iglesia deben sentirse bienvenidos, no importando si tienen dinero o no. Recordemos el ejemplo más grande: Cristo, quien siendo rico se hizo pobre, para que con su pobreza nosotros fuésemos enriquecidos (2ª Corintios 8.9).

5. Grupos internos. Otra conducta que expulsa a la gente de la iglesia y que va de la mano con los argumentos presentados anteriormente tiene que ver con los grupos que se forman en las iglesias, los cuales se hacen palpables en todo lo que la iglesia realiza. Como es bien sabido por la mayoría, la Iglesia tiene grupos de trabajo o departamentos, que se encargan de realizar las diferentes labores de la Iglesia. Estos grupos pueden ser de damas, caballeros, jóvenes, cocina, misiones, construcción, etc. Y aunque el propósito de los mismos es positivo, bueno y saludable, éstos también pueden contribuir a divisiones dentro de las filas cristianas y a que mucha gente sea expulsada. Cualquier grupo interno puede provocar la exclusión de personas de la iglesia, si no se tiene cuidado con su manejo. Sin embargo, en este punto queremos referirnos a los grupos sociales o etarios, grupos de clase o grupos de preferencias, que pueden conformarse en las iglesias.

Esto no es algo nuevo. El apóstol Pablo tuvo que atender al problema de una división bien fuerte que se estaba dando en la iglesia de Corinto, donde grupos como los mencionados eran bien marcados, en este caso específico por las preferencias de algunos para con determinado predicador o ministro. En la iglesia corintia se había formado un grupo que decía "ser de" Pablo, otro que decía ser de Apolos, otro de Cefas y otro de Cristo (1ª Corintios 1:10–13). ¡Imagínese usted! Cuatro grupos bien marcados en la Iglesia del Señor. Es decir que este fenómeno no es nuevo. La formación de grupos ocurre con frecuencia en las iglesias y, si no se tiene cuidado, puede causar la exclusión de personas por algo tan irrelevante como lo es la preferencia por cierto predicador. Se tiene que aceptar el hecho de que en la iglesia hay ministros que predican mejor que otros, o enseñan de una forma diferente a otros; pero esto jamás debería ser motivo de división interna. Las divisiones hacen un daño tremendo a la obra del Señor y las personas más afectadas son aquellas que aún no han madurado, o apenas comienzan su caminar con Cristo. Actitudes como las que tienen con frecuencia los grupos internos, son expulsoras de gente; expulsoras de almas por las cuales Cristo murió en la Cruz.

6. Inhospitalidad. Imagínese esta escena en un templo cristiano cualquiera: Una familia llega de visita y ocupa la última fila de asientos, en la parte de atrás. Se trata de una familia de cinco integrantes. De repente, llega un joven miembro de la iglesia y le pide a uno de los integrantes que se mueva, pues está sentado en el lugar donde él siempre se sienta. Muy apenada, la persona se sale del templo y el resto de la familia le sigue, y ya nunca regresan

a la iglesia... Situaciones como esta son inaceptables en cualquier lugar, pero mucho más tratándose de una iglesia cristiana. Desafortunadamente, muchos miembros de la iglesia son poco o nada hospitalarios para con los visitantes al templo; y hasta con otros miembros de la iglesia, y eso sin lugar a dudas causa que muchas personas se vayan de la iglesia. ¿Cuántas veces hemos escuchado de un mesero malhumorado o descuidado que provoca que un cliente ya no regrese al restaurante? Lo mismo ocurre en una congregación donde hay hermanos que no saben recibir y hacer sentir bien a las personas que visitan la casa de Dios.

7. El chisme. Otro de los elementos que hay que considerar en este capítulo, y que hace mucho daño, es el chisme y su impacto en las personas de la iglesia. Quizás no hay nada peor que toparse con un chismoso en la iglesia. De acuerdo al diccionario, el chismoso es una persona que "chismorrea". La palabra chisme se refiere a una noticia verdadera o falsa con que se murmura de alguien, generalmente para difamarle. El chisme existe desde que el hombre comenzó a hablar. Desde entonces, la Tierra ha sido plagada con esa desgracia, de hombres y mujeres que no se cansan de hablar y de hablar lo que no deben. La Biblia enfáticamente condena el chisme y prohíbe que las personas se entrometan en lo que no deben, y hablen de lo que no deben (1ª Timoteo 5:13). Hay cosas que, sencillamente, no se deben hablar. El filósofo Hesiodo escribió: "El chisme es entretenido y fácil de creer; pero es dañino, penoso de cargar y difícil de quitarse de encima"[87]. Estamos influenciados por una

[87] Les Parrott III, *Cómo mantener relaciones con personas difíciles,* (Miami, FL: Editorial Unilit, 2003), 81.

sociedad que se jacta del chisme. Hay muchos programas de televisión en los cuales no se hace otra cosa que hablar de las personas. Los famosos paparazzi, que persiguen a los artistas, les toman fotos y después las trasmiten en cadena nacional, en muchas ocasiones cuentan cosas que ni siquiera son verdad. En muchas ocasiones el prestigio, la carrera o el matrimonio de alguien se ha visto arruinado por un programa o presentador de la televisión al que se le ocurrió entrevistar o fotografiar a alguien y encargarse luego de divulgar aquello por todo el mundo. Eso son los chismosos: gente que esparce rumores y divulga secretos; gente que se dedica a contar noticias, pero con la peculiaridad de que en la mayoría de los casos —para aumentar el nivel de audiencia— aumentan también el tamaño del hecho, o directamente cuentan una versión deformada de lo sucedido. En la iglesia es igual: muchas personas se han ido lastimadas, sólo porque alguien no ha sido lo suficientemente cuidadoso como para ponerle freno a su lengua y con eso ha dañado los sentimientos de alguien más. El chismoso es un instrumento de Satanás para echar fuera a las ovejas del rebaño. Los chismosos pueden incluso destruir a una congregación.

8. Otros asuntos. Existen además ciertos asuntos relacionados con la liturgia y el estilo de celebración, que pueden causar la expulsión de personas de la iglesia. Existen diferentes formas litúrgicas que las congregaciones pueden desarrollar, así como diferentes opiniones o posiciones respecto al tema. Según las convicciones que la gente tenga, hay iglesias cuya celebración es contemporánea o demasiado contemporánea, tradicional o demasiado tradicional, conservadora o demasiado conservadora,

liberal o demasiado liberal, etc. En algunas denominaciones se critica el sistema de otras denominaciones o tradiciones, o se habla mal de ciertos predicadores, y así por el estilo. A veces se produce desorden en el culto, tal y como sucedía en la iglesia de Corinto, donde no lograban controlar el hablar en lenguas durante la reunión, por ejemplo (1ª Corintios 14). El desorden en la iglesia puede expulsar a la gente, especialmente a quienes todavía no entienden cómo funciona la iglesia en su área espiritual. Estos y otros asuntos pueden hacer sentir mal a la gente y causar que se salgan del redil.

III. Por qué se crea la cultura expulsiva

Una cultura como esta se va formando a través del tiempo, mayormente debido a la escasez de instrucción por parte de las personas encargadas de la predicación y la enseñanza. En otras palabras, es necesario instruir a la membresía a que tengan cuidado de cómo se han de conducir en la casa de Dios. Si el Apóstol Pablo tuvo que enseñarle a Timoteo cómo comportarse en cuanto a ello (1ª Timoteo 3:15), cuánto más nosotros hoy en día necesitamos aprender sobre el tema, con tantas perturbaciones que ahora nos rodean. Hoy se escuchan y ven cosas en la casa de Dios, que nos dejan sorprendidos; por ejemplo, el uso del teléfono celular. El culto puede estar desarrollándose con normalidad, pero hay gente enviando mensajes de texto, contestando llamadas y aún navegando en Internet. Debemos instruir a la gente sobre cómo debe conducirse en la casa de Dios. Puede que a alguien no le importe, pero puede que a otros sí les moleste el hecho de que durante el culto alguien esté distraído y distrayendo a los demás.

IV. El papel de la predicación y la enseñanza en la deserción

Quizás no pensemos que las palabras que salen del púlpito pueden impactar positivamente o negativamente la vida de otras personas, pero lo cierto es que afectan más de lo que nos imaginamos. En un excelente sermón sobre la predicación reproducido por Javier Cortázar, él utilizaba las palabras del Dr. Okenga, quien de acuerdo al autor es un experimentado pastor con 33 años en el ministerio, el que a su vez señaló en cierta oportunidad lo siguiente: "Si el púlpito de una iglesia es débil, aunque sus demás ministerios sean fuertes, esa iglesia será débil. Si, por el contrario, aunque los demás ministerios muestren debilidad, si el ministerio de su púlpito es fuerte, es muy factible que esa iglesia sea fuerte". En otras palabras, un púlpito bien nutrido resulta decisivo en el crecimiento de la iglesia.[88] Por lo tanto, debemos considerar que la predicación afecta de una manera dramática tanto el crecimiento de las personas como el hecho de que decidan quedarse o irse de la iglesia. Entendamos la predicación como la exposición elocuente de un mensaje que Dios ha puesto en el corazón de un exponente. En una ocasión, un predicador estaba hablando sobre cómo Dios puede sanar milagrosamente a una persona, desestimando a los médicos y a la medicina; pero no se dio cuenta de que en la congregación estaba un oyente que era médico, el cual se sintió afectado por el discurso del predicador y obviamente tomó la decisión de no volver a esa iglesia. También hemos sabido de pastores que han llegado a utilizar el púlpito para fines políticos, o para menospreciar ideologías o individuos partidarios de las mismas. Todo eso tiene serias repercusiones. Es claro que se necesita tener un balance en todo lo que hacemos como iglesia, pero si hay un asunto que no debe descuidarse ese es el de la predicación y la enseñanza, como factor determinante en el proceso de retención de las personas en la iglesia. Por otra parte, también se debe considerar que en ocasiones los hermanos

---

[88] Javier Cortázar, Desarrollocristiano.com, https://desarrollocristiano.com/pulpito-fuerte-iglesia-sana. Publicado en noviembre 28, 1984. Consultado el 2 de Agosto de 2017.

que predican o enseñan no están lo suficientemente capacitados o entrenados para desarrollar dicha labor, o no son competentes para el nivel del público que hay, especialmente hoy en día que se dispone de tanta información. Nunca falta quien haga una búsqueda rápida en Internet para ver si lo que se está enseñando es correcto o no.

El otro elemento a considerar es el de la enseñanza en la iglesia. Entendamos la enseñanza como la exposición instructiva sobre un tema específico por un exponente o maestro. Una iglesia que carece de un sistema bueno de enseñanza, pagará caro con la formación de una iglesia débil o una iglesia vacía. Desafortunadamente, para bien o para mal, tenemos el avance tecnológico que ha saturado a la gente y especialmente a la juventud con mucha información sobre todos los tópicos que se quiera discutir, pero, a decir verdad, la gente muy poco sabe discernir entre la información que necesita adaptar a su vida y la que no le conviene. Es precisamente aquí donde entra la instrucción adecuada de la pastoral para prevenir que aquellas personas sean *"llevadas por doquiera de todo viento de doctrina"* (Efesios 4:14). La enseñanza bíblica es la piedra angular para que una persona permanezca en la iglesia sirviendo a Dios. En este sentido, si una iglesia no perfecciona la forma en que enseña a sus congregantes, la enseñanza deficiente terminará por abrir una puerta muy ancha, la cual no se podrá cerrar.

V. Falta de cuidado

Como se ha mencionado al principio de este libro, la falta de cuidado y atención a las personas que asisten a la iglesia afecta de una manera negativa la permanencia de éstas en la iglesia. En este punto, debemos considerar que muchas veces la gente de la iglesia está tan ocupada haciendo "buenas cosas" que descuida lo más importante, es decir, por qué la Iglesia está aquí en la Tierra, que es el salvar a la mayor cantidad posible de personas. Lo cierto es que muchas veces la iglesia descuida a las personas que asisten al templo, o éstas no son tomadas en cuenta a la hora de tener ciertos eventos o programas de la iglesia. Por ejemplo, una persona puede no asistir al culto del domingo y no hay quien le llame por teléfono para saber si todo está bien y preguntarle por qué no vino al culto. El cuidado de las personas es fundamental para que ellas permanezcan en la iglesia; y, aunque ya este punto se trató bajo el tópico del cuidado pastoral y las alternativas pastorales, no obstante, necesitamos volver a enfatizar aquí que el cuidado de un miembro de la iglesia es responsabilidad de todos en la congregación.

En ocasiones, algún miembro de la iglesia se enferma y va a parar al hospital. Allí es precisamente donde más falta hace que los demás creyentes muestren su preocupación y apoyo. En otras ocasiones, algún miembro de la iglesia pierde el trabajo y se le agotan los recursos. Es entonces cuando se requiere que los demás miembros del cuerpo de Cristo le den la mano para que la persona pueda salir adelante. Cuando hay personas sufriendo, la iglesia debe demostrar su compañerismo y el amor de Cristo. Por lo tanto, el cuidado de los miembros de la iglesia es y debe ser una responsabilidad de todos y no de unos pocos solamente.

VI. La política de la Iglesia

Queramos o no admitirlo, muchas veces la iglesia se sumerge en políticas que le hacen daño y que expulsan a la gente de ella. Cuando hablamos de política no nos referimos a los partidos políticos del gobierno de la nación, aunque también puede aplicar esa consideración. Nos referimos específicamente a la forma de trabajar o de llevar a cabo ideas y estrategias que algunas personas emplean para llegar al poder; para tener a otras personas subyugadas a un sistema, a una idea, o lisa y llanamente a un capricho de alguien. Con frecuencia la iglesia se ve invadida por individuos que sólo buscan su propio bienestar, no el de la Iglesia de Cristo. Las posiciones oficiales o cargos son llamativos y pueden fomentar el movimiento de un espíritu maligno en la iglesia, el cual motiva a ciertos individuos a "hacer menos" a otras personas, a humillar a otros, o a despojarles de cosas valiosas como su dignidad o sus derechos; cosas que Dios ha concedido a todos para que le sirvan. En las organizaciones donde se tienen que elegir ciertas posiciones bajo el voto de los miembros o de los pastores, es muy común que se manifieste este fenómeno. Algunos individuos se promueven a sí mismos y son capaces de llegar a desacreditar a otros con tal de ser ellos los elegidos. Esta "politiquería" causa mucho daño en la iglesia y es la causante de que buenos cristianos abandonen la congregación. Excelentes personas han sido echadas fuera de la iglesia, sencillamente porque individuos que ocupaban posiciones de liderazgo más elevadas no consideraron o valoraron el trabajo u opinión de estas personas. Algunos líderes de la iglesia suelen aprovechar su posición ventajosa para librarse de gente que les resulta molesta o que sencillamente representa un reto para su liderazgo. Qué fácil es que olvidemos las palabras de nuestro Señor Jesucristo, quien dijo que el que quiera ser grande y quiera ser el primero, deberá ser el siervo de los demás (Marcos 10:43–44).

Debemos aprender que Cristo, siendo el Señor de señores y el Rey de reyes, no trató nunca a la gente de una manera inapropiada; sino con respeto, amor, y sobre todo con mucho cuidado. Aun a aquel discípulo que le entregó con un beso, Jesús le llamó "amigo" (Mateo 26:50).

VII. Conclusión

Concluimos este capítulo con una pregunta: ¿Cómo se puede contrarrestar la cultura expulsiva de la iglesia? Y la respuesta es que la mejor manera de contrarrestar dicha cultura es ofreciendo una mejor educación al pueblo de Dios, trayendo más y mejor enseñanza sobre tópicos como los desarrollados en la presente obra. Se tiene que crear la conciencia en la congregación de que todas las almas pertenecen al Señor y que por tal razón debemos cuidarlas, pues le costaron la vida a nuestro Señor Jesucristo en la cruz del Calvario. Periódicamente se debe instruir a los miembros de la iglesia sobre cómo deben cuidar a la gente que se acerca a la iglesia; enseñándoles a ser atentos, amables y sobre todo serviciales con aquellos que cada día se agregan a las filas cristianas. Solamente así se podrá detener el flujo de gente que entra por la puerta de enfrente y sale por la puerta de atrás.

APÉNDICE: CONSEJOS PRÁCTICOS PARA CONTRARRESTAR LA DESERCIÓN

Los siguientes consejos están dirigidos a todo cristiano que tiene el deseo de servir a Dios, de hacer su voluntad y de llegar al Cielo. Por lo tanto, aplica a toda persona y es un estímulo para que usted no deje de congregarse y entienda los beneficios que obtiene al pertenecer a una iglesia y participar en los programas, culto y actividades que la iglesia desarrolla precisamente para salvaguardar a los hijos del Señor.

I. No deje de congregarse

La Biblia dice: *"No dejando de congregarnos, como algunos tienen por costumbre, sino exhortándonos; y tanto más, cuanto veis que aquel día se acerca."* (Hebreos 10:25). Este texto nos habla de un problema que se estaba manifestando en la iglesia del primer siglo, el cual tenía que ver con la asistencia a las reuniones. El hijo de Dios sabe y reconoce que tiene que asistir a la iglesia, sin embargo, a veces batalla para cumplir con este mandamiento. En los siguientes puntos de este capítulo, analizaremos algunos de los problemas que hoy día se experimentan en relación a la asistencia a la casa de Dios, y presentaremos algunas sugerencias o ideas para que el creyente asista con frecuencia a adorar a su Dios.

II. Venza las excusas que le impiden ir a la iglesia

Existen muchas personas que piensan que no es necesario ir a la iglesia para ser buenos cristianos. Algunas de las excusas más populares que estas personas presentan se detallan a continuación.

1. "Uno no necesita ir a la iglesia, pues Dios está en todas partes." Los proponentes de este argumento manifiestan que ellos pueden buscar a Dios en cualquier sitio, incluyendo su casa propia, puesto que Dios está en todas partes. Por supuesto, Dios sí está en todas partes, pero ¿por qué Él estableció el ir a su casa como un mandamiento? Entre otras razones, porque no hay comparación entre la experiencia que se puede tener en nuestra casa y la que se tiene en el templo, al participar de todo lo que allí se lleva a cabo.

2. "Ir mucho a la iglesia es para fanáticos." Otros piensan que ir a la iglesia con regularidad es señal de fanatismo y que éste no es bueno.

3. "Estoy muy ocupado y no tengo tiempo." El argumento de que se tiene una vida muy ocupada —por lo cual el ir a la casa de Dios queda relegado a "cuando tenga tiempo"— es quizás la excusa más popular de la gente hoy día para no asistir al templo. Las personas dicen estar tan ocupadas en sus vidas, que no les sobra tiempo para participar de las actividades que se realizan en el templo.

4. "¿Para qué ir a la iglesia, si puedo ver el culto por la televisión o Internet?" Esta es la excusa del siglo que va de

la mano con lo que estamos viviendo hoy en día. Gracias a la tecnología actual, los cultos se pueden observar desde el computador, tableta o teléfono inteligente, y las personas hasta pueden hacer sus donaciones de forma electrónica. Debemos preguntarnos si esto es correcto a no.

Estas y otras excusas por el estilo pueden servir para que la gente encuentre algo que decir al momento de preguntársele por qué no asiste a la iglesia; sin embargo, el tema va más allá de lo que nos podemos imaginar. La verdad es que muchas veces la gente no asiste a la iglesia porque no conoce el significado y la importancia de ello.

III. Entienda el porqué de la casa de Dios

Muchas veces la gente no asiste a la casa de Dios porque no entiende su significado o los beneficios de ir a la casa de Dios; o dicho más sencillamente, no sabe las razones del porqué se debe asistir. Preste cuidado a las siguientes consideraciones.

1. La casa de Dios es un lugar donde Dios está presente.

Lo primero que hay que considerar es que la casa de Dios es el lugar donde Él está presente. Veamos algunos ejemplos de esto.

a. En el Tabernáculo. Cuando Moisés terminó de construir el Tabernáculo, Dios lo llenó con su presencia y con su gloria, de tal manera que aquel lugar brillaba porque Dios estaba allí: *"Entonces una nube cubrió el tabernáculo de reunión, y la gloria de Jehová llenó el tabernáculo."* (Éxodo 40:34).

b. En el templo de Salomón. Cuando Salomón dedicó el templo, Dios lo llenó con su presencia y con su gloria, de tal forma que aquella gloria fue palpable. El texto dice que *"cuando Salomón acabó de orar, descendió fuego de los cielos, y consumió el holocausto y las víctimas; y la gloria de Jehová llenó la casa."* (2º Crónicas 7:1).

c. En el aposento alto. Cuando la primera iglesia se reunió en una casa para esperar la promesa que Jesús les había hecho, Dios llenó a los presentes con su Espíritu Santo (Hechos 2:2–4).

Por lo tanto, podemos afirmar que la casa de Dios —se trate del Tabernáculo de Israel, el templo de Salomón y sus posteriores generaciones, o una casa como sucedió con la iglesia primitiva— es un lugar que Dios destina para manifestarse cuando Su pueblo está allí congregado. Esta es una poderosa razón para que el creyente asista a la casa de Dios: ¡Él está en ese lugar!

2. La casa de Dios es el lugar de encuentro.

El segundo elemento que hay que tomar en cuenta, es que la casa de Dios se convierte en un lugar de encuentro cuando el creyente asiste ella con la expectativa de encontrarse con Dios. Consideremos la experiencia que tuvo Jacob. La Biblia dice que Jacob se acostó a dormir en el campo, en su camino a Harán. Allí tuvo un sueño en el cual vio una escalera que tenía su base en la Tierra y se apoyaba en el Cielo. En la parte superior de la escalera estaba Dios, quien le habló. Cuando Jacob despertó de su sueño, dijo: *"...Ciertamente Jehová está en este lugar, y yo no lo sabía. Y tuvo miedo, y dijo: ¡Cuán terrible es este lugar! No es otra cosa que casa de Dios, y puerta del cielo."* (Génesis 28:10–17).

3. La casa de Dios es el lugar del culto del pueblo de Dios.

El otro elemento a considerar es que la casa de Dios es el lugar que Él ha escogido para que su pueblo le rinda tributo y le dé culto. Esas fueron precisamente las instrucciones que Dios le había dado a su pueblo Israel: *"Y al lugar que Jehová vuestro Dios escogiere para poner en él su nombre, allí llevaréis todas las cosas que yo os mando: vuestros holocaustos, vuestros sacrificios, vuestros diezmos, las ofrendas elevadas de vuestras manos, y todo lo escogido de los votos que hubiereis prometido a Jehová."* (Deuteronomio 12:11).

4. La casa de Dios es un lugar especial.

Para aquellos que amamos estar en la casa de Dios, porque sabemos que Dios está allí. El Salmo 84 nos ofrece detalles muy importantes y verdaderas razones para desear asistir a un lugar tan especial como es la casa de Dios.

a. La casa de Dios es un lugar amable. El verso 1 comienza diciendo precisamente eso: *"¡Cuán amables son tus moradas, oh Jehová de los ejércitos!"* El salmista consideraba la casa de Dios como un lugar donde la amabilidad, el cariño y el amor se manifestaban abundantemente; y eso es precisamente lo que sucede cuando alguien llega a la Iglesia; es acogido con alegría por la hermandad, y esto le hace sentir muy bien.

b. La casa de Dios es un lugar anhelado. Los versos 2 y 3 muestran un apego del salmista a la casa de Dios. Él dice: *"Anhela mi alma y aun ardientemente desea los atrios de Jehová ...aún el gorrión halla casa, y la golondrina nido para sí, donde ponga sus polluelos; cerca de tus altares, oh Jehová de los ejércitos..."* ¡Qué hermosa escena la de este hombre conectado con la casa de Dios a tal grado de querer estar siempre allí! En otra ocasión David preguntó a Dios: *"¿Cuándo vendré y me presentaré delante de ti?"* (Salmos 42:2), reflejando con fuerza ese anhelo por estar en ese lugar.

c. La casa de Dios es un lugar para adorarle. Sigue diciendo el rey David Salmos 84.4: *"Bienaventurados los que habitan en tu casa; perpetuamente te alabarán."* Este verso determina el porqué de la casa de Dios, por qué todo creyente debe visitar la casa de Dios. Allí es donde se alaba a Dios; allí es donde se adora al Señor; y allí es donde Él espera a sus hijos para tener un encuentro personal con cada uno de ellos.

d. La casa de Dios es el mejor lugar. Por último, el salmista revela las características de la casa de Dios en contraste con los demás sitios de la Tierra. David dice en el verso 10: *"Porque mejor es un día en tus atrios que mil fuera de ellos. Escogería antes estar a la puerta de la casa de mi Dios, que habitar en las moradas de maldad."* La preferencia del hijo de Dios por la casa de Dios está por encima de cualquier otro lugar, porque ningún otro se parece a la casa de Dios. La casa de Dios debe ser el lugar que tú siempre escojas.

5. La casa de Dios es un refugio.

El Salmo 27 ilustra de una manera tan detallada el significado que tenía la casa de Dios para el rey David a tal grado que le demandaba a Dios que le permitiera estar en su casa todos los días de su vida, para contemplar la hermosura de Dios *"y para inquirir en su templo"* (V. 4) y la razón era bien sencilla para este gran hombre de Dios: la casa de Dios era su refugio. Dios lo "escondería" en su tabernáculo en el día del mal y lo "ocultaría" en lo reservado de su morada (V. 5). Para este hombre la casa de Dios era el escondite en el momento de su necesidad. Si el creyente entendiera que la casa de Dios es y debe ser el refugio para que corra en el momento de su necesidad espiritual, entonces tendría otra opinión del templo y la buscaría mas frecuentemente. El problema radica en que muchas veces se quita la vista del propósito de la casa de Dios, de por qué se va a la casa de Dios; y se enfoca en las personas. Y como se ha dicho muchas veces, las personas van a fallar, pero Dios nunca va a fallar.

IV. Entienda el por qué nos tenemos que congregar

Hay por lo menos cinco razones fundamentales del porqué debemos congregarnos.

1. Es un mandato de Dios. Desde el Antiguo Testamento, Dios siempre ha tenido su congregación: *"...el lugar que Jehová vuestro Dios escogiere de entre todas vuestras tribus, para poner allí su nombre para su habitación, ése buscaréis, y allá iréis."* (Deuteronomio 12:5). En el Nuevo Testamento la congregación de Dios es la Iglesia. La iglesia primitiva practicó el mismo principio que Israel: *"Y perseverando unánimes cada día en el templo, y partiendo el pan en las casas, comían juntos con alegría y sencillez de corazón, alabando a Dios, y teniendo favor con todo el pueblo. Y el Señor añadía cada día a la iglesia los que habían de ser salvos."* (Hechos 2:46–47).

2. Para que seamos Iglesia. Uno no puede ser Iglesia solo. Se necesitan dos o más personas para que Cristo los vea como congregación, y para que Él se haga presente: *"Porque donde están dos o tres congregados en mi nombre, allí estoy yo en medio de ellos."* (Mateo 18:20).

3. Para convivir con los demás. El deseo de Dios para su iglesia es que viva en comunidad. Es por eso que la Iglesia en varias ocasiones es llamada la familia de Dios (Efesios 2:19). Además, *de acuerdo con la Biblia, hay grandes beneficios en reunirse. Hebreos 10:24–25 dice: "Y considerémonos unos a otros para estimularnos al amor y a las buenas obras; no dejando de congregarnos, como algunos*

tienen por costumbre, sino exhortándonos; y tanto más, cuanto veis que aquel día se acerca." Aquí se mencionan tres grandes beneficios. Primero, aumenta el amor de unos por otros; segundo, aumentan las buenas obras; y tercero, unos o otros se motivan y animan.

4. Para que la presencia de Dios se manifieste. Aunque Dios vive en la vida de cada hijo suyo, cuando se trata de la congregación, Dios la visita de una manera distinta. Por eso se necesita estar congregado: *"Porque donde están dos o tres congregados en mi nombre, allí estoy yo en medio de ellos."* (Mateo 18:20).

5. Para que Dios nos bendiga y dé vida eterna. Quizás uno de los mensajes que más poderosamente promueven la comunidad espiritual son las palabras dichas por David: *"¡Mirad cuán bueno y cuán delicioso es habitar los hermanos juntos en armonía! ...porque allí envía Jehová bendición, y vida eterna."* (Salmos 133:1,3).

V. Conozca los beneficios de asistir a la iglesia

Aparte de todo lo anterior, asistir a la iglesia produce muchos beneficios personales. Veamos algunos:

1. Se vive más tiempo. En EE.UU. las mujeres que asisten a la iglesia más de una vez a la semana viven más tiempo que aquellas que no lo hacen; según un nuevo estudio realizado por investigadores de la escuela de graduados de salud pública de la Universidad de Harvard. De acuerdo a los investigadores que analizaron los datos de más de 74.000 mujeres mayores de 16 años, se encontró que las mujeres que asistieron a la iglesia más de una vez a la semana eran 33% menos propensas a morir en ese

momento que aquellas que nunca iban a la iglesia.[89] Este dato es interesante y preciso, pues la experiencia que se vive en la iglesia ayuda a liberar el estrés y a combatir enfermedades que le restan años de vida a la persona.

2. Se vive más sano. Acudir a la iglesia ayuda a la salud mental y a disminuir los síntomas de la depresión, más que otras actividades tales como hacer deporte, pertenecer a un club, o realizar trabajo voluntario. Así lo revela un estudio elaborado por el Erasmus MC y el London School of Economics and Political Science. El informe pone de manifiesto que "la participación en actividades religiosas es la única forma de compromiso social que se relaciona con una disminución en los síntomas de depresión cuatro años después."[90]

3. Nuestra fe se fortalece. Este es quizás el beneficio primordial de ir a la iglesia periódicamente. Cuando el creyente se congrega para alabar a Dios y escuchar la palabra de Dios, su fe es alimentada. La Biblia dice: *"La fe es por el oír y el oír de la palabra de Dios."* (Romanos 10:17).

4. Convivimos con la gente. La iglesia se compone de muchas personas y los creyentes que se congregan tienen la oportunidad de conocer a toda esa gente y socializar con ellos. Es por medio de esta convivencia que las personas encuentran apoyo y comprensión cuando más los

---

[89] Noticiacristiana.com, bajo el título "ir a la iglesia ayuda a vivir más tiempo", http://www.noticiacristiana.com/ciencia_tecnologia/estudios/2016/05/ir-iglesia-vivir-mas-tiempo-harvard.html. Consultado el 19 de abril de 2017.

[90] El Confidencial, bajo el título "los beneficios de ir a la iglesia", http://www.elconfidencial.com/alma-corazon-vida/2015-08-17/que-hacer-depresion-iglesia-deporte_969595/. Consultado el 19 de Abril de 2017.

necesitan. Es por medio de la convivencia que la personas conocen, por ejemplo, a la persona con la cual se han de casar. En definitiva, los beneficios de la convivencia son muchísimos y muy grandes.

5. Participamos de la comunión. Los hermanos de la iglesia primitiva disfrutaban del estar juntos: *"Todos los que habían creído estaban juntos y tenían en común todas las cosas."* (Hechos 2:44).

6. Hay ayuda mutua. A los miembros de la iglesia se les enseña a dar el uno al otro y asegurarse de que se suplan las necesidades de todos los miembros, el texto dice que *"...no había necesitados entre ellos..."* (Hechos 2:45).

VI. Conclusión

Por último, debemos agregar a lo dicho anteriormente que, si una persona que se ha hecho miembro de la iglesia comprende lo que significa "ser iglesia" así como los beneficios que recibe por ser parte de ella, y esa persona se conecta e involucra en la iglesia, seguramente siempre querrá estar allí y jamás irse. Sin embargo y para que esto se haga realidad en cada creyente, la iglesia debe trabajar por su parte en una estrategia de conexión de la gente que se va agregando periódicamente, proveyendo de un lugar específico para cada uno; ya que mientras alguien se sienta parte del cuerpo de Cristo y miembro de la familia de Dios, difícilmente será arrancado de allí.

BIBLIOGRAFÍA

Arias, Mortimer. *Salvación es liberación.* Buenos Aires, AR: Editorial La Aurora, 1973.

Bandy, Thomas G. *Desechando hábitos, Ayuda para iglesias adictas.* Nasville, TN: Abingdon Press, 2003.

Boff, Leonardo. *Ecclesiogenesis: The Base Communities Reinvent the Church.* Orbis Books: New York, 1977.

Booth, Wayne C., et.al. *The Craft of Research.* Chicago, IL: University of Chicago Press, 2008.

Brown, Barbara Taylor. *Leaving Church: A Memoir of Faith.* New York: NW: HarperSanFrancisco, 2006.

Ceballos, Juan Carlos, Ruben O. Zorzolli, eds., *Comentario bíblico mundo hispano.* El Paso, TX: *Editorial Mundo Hispano*, 2004.

Costas, Orlando. *The Study of Evangelism: Exploring a Missional Practice of the Church.* Grand Rapids, MI: William B. Eedermans Publishing Co., 2008.

_____________. *Compromiso y Misión*. San José, Costa Rica: Editorial Caribe, 1979.

_____________. *Liberating News: A Theology of Contextual Evangelization*. Eugene, OR: Wipf and Stock Publishers, 1989.

Chandler, Russell. *Feeding the Flock: Restaurant and Churches you'd Stand in Line For*. Bethesda, MD: Alban Institute Publication, 1998.

Dykstra, Craig. *Pastoral and Ecclesia Imagination, in For Life Abundant: Practical Theology, Theological Education, and Christian Ministry*. Grand Rapids, MI: Eermans Publishing Co.

Drummond, Sarah B. *Holy Clarity: The Practice of Planning and Evaluation*. The Alban Institute, 2009.

Francis, Leslie J. And Jacob J. Katz, Eds. *Joining and Leaving eligion: Resarch Perspectives*. Trowbridge, Wiltshire England: Redwoods Books, 2000.

Gibbs, Eddie. *La Iglesia del futuro*. Buenos Aires Argentina: Editorial Peniel, 2005.

González, Justo. *Breve historia de la preparación ministerial*. Barcelona, España: Editorial CLIE, 2012.

Hans, Kung. The Church. Garden City, NY: Image Books, 1976.

Harrington, Jim, Mike Bonen and James H. Furr. *Leading Congregational Change: A Practical Guide for the Transformational Journey*. San Francisco, CA: Jossey–Bass, 2000.

Heifetz, Ronald. *The Practice of Adaptive Leadership: Tools and Tactics for Changing Your Organization and the World.* Cambridge: Harvard University Press, 2009.

Hendricks, William D. *Exit Interviews: Revealing Stories of Why People are Leaving the Church.* Chicago IL: Moody Press, 1993.

Hiebert, Paul G. *The Gospel in Human Contexts: Anthropologcal Explorations for Contemporay Missions.* Grand Rapids, MI: Baker Academy, 2009.

Kärkkäinen, Veli–Matti. *An Introduction to Ecclesiology: Ecumenical, Historical and Global Perspectives.* Downers Grove, IL: InterVarsity Press, 2002.

Martínez, Juan. *Los Protestantes: An Introduction to Latino Protestantism in the United States.* Santa Barbara, CA: Praeger, 2011.

_____________. *Caminando entre el pueblo: Ministerio latino en los Estados Unidos.* Nashville, TN: Abingdon Press, 2008.

Martínez, Juan and Mark Branson. *Iglesias, culturas y liderazgo: Una teología práctica para congregaciones y etnias.* Miami, FL: Editorial Vida, 2013.

McBride, J. LeBron. *Leaving faithfully with disappointment in the Church.* Binghamton, NY: Hawworth Pastoral Press, 2005.

Myers, William. *Research in Ministry: A Primer for the Doctor of Ministry Program.* Exploration Press of Chicago Theological Seminary, 2000.

Osmer, Richard R. *Practical Theology: An Introduction*. Grand Rapids, MI: Wim. B. Eerdmans Publishing Co., 2008.

Padilla, René y Tetsunao Yamamori, eds. La Iglesia local como agente de transformación: Una eclesiología para la misión integral, Buenos Aires: Kairós Ediciones, 2003.

Richter, Philip and Leslie J. Francis. *Gone but not forgotten: Church Leaving and Returning*. London, SW: Darton, Longman and Todd Ltd, 1998.

Rodríguez, Augusto. *Programa de curso EV519 evangelismo entre hispanos*, Fuller Theological Seminary, Pasadena CA. 2008.

Rodríguez, José D. *Justicia en Nombre de Dios: Entendiendo la fe desde la perspectiva hispano/Latina*. México, D. F.: Publicaciones El faro, 2002.

Sensing, Tim. *Qualitative Research: A Multi–Methods Approach to Projects for Doctor of Ministry Theses*. Wipf & Stock, 2011

Taylor, Barbara Brown. *Leaving Church: A Memoir of Faith*. New York, NY: HarperSan Francisco Publishers, 2006.

Whitesel, Bob. *Staying Power: Why People Leave the Church Over Change and What You Can Do About It*. Nashville, TN: Abingdon Press, 2003.

Wuthnow, Robert. *America and the Challenges of Religious Diversity*. Princeton, NJ: Princeton University Press, 2005.

Fuentes Electrónicas:

City data: Homestead Florida. http://www.city–data.com/city/Homestead–Florida.html. Consultado Marzo 28, 2016.

Pew Resarch Center, http://www.pewforum.org/2014/05/07/chapter-2-religious-switching/. 2014. Consultado Febrero 12, 2016.

Pew Resarch Center, Sobre la desafiliacion religiosa. http://www.pewforum.org/2015/05/12/chapter-4-the-shifting-religious-identity-of-demographic-groups/. Consultado Marzo 5, 2016.

David, Kinnaman, https://www.barna.org/teens-next-gen-articles/528-six-reasons-young-christians-leave-church, Publicado por Barna Group 2011. Consultado Febrero 11, 2016.

Ninro R. Peña, http://www.noticiacristiana.com/educacion/investigacion/2012/05/publican-las-10-razones-por-las-cuales-las-personas-abandonan-la-iglesia.html, Publicado por Noticias Cristianas, Mayo 2012. Consultado febrero de 2016.

Dennis Mahaney, Parish Life, Diocese of Buffalo, bajo A Parish Exit Interview, http://www.parishvitality.net/exit-interview.html. Consultado Enero 14, 2016.

Printed in the United States
By Bookmasters